QUELQUES NOTES

SUR LE

THÉATRE DE LA COUR

A FONTAINEBLEAU

(1747-1787).

Fontainebleau. — Imp. ERNEST BOURGES.

QUELQUES NOTES

SUR LE

THÉATRE DE LA COUR

A FONTAINEBLEAU

(1747-1787)

PAR

ERNEST BOURGES

PARIS
LIBRAIRIE HISTORIQUE DES PROVINCES
ÉMILE LECHEVALIER
39, quai des Grands-Augustins, 39
1892

QUELQUES NOTES
SUR LE
THÉATRE DE LA COUR
A FONTAINEBLEAU

(1747-1787).

I.

L'aile de Charles IX.

Les notes que nous publions sur les représentations données au théâtre de la Cour à Fontainebleau, appellent l'attention sur la cour de la Fontaine, si peu remarquée d'ordinaire, malgré la foule qu'y attirent les... légendaires carpes.

Et cependant, cette cour, encadrée de bâtiments sur trois côtés, ouvrant au sud une large perspective sur le grand étang, le Jardin anglais et le Parterre est, sans contredit, particulièrement intéressante.

L'état actuel du bâtiment dont la salle de l'Ancienne Comédie occupe le premier étage, est lamentable.

Privé de son toit élevé, de ses hautes

cheminées, de son fronton, de ses lucarnes
couronnées d'ornements en plomb ouvragé
et doré, de toutes ses décorations artistiques,
à demi-ruiné, enfin, le pavillon de Charles IX
ne rappelle en rien, aujourd'hui, cette merveilleuse façade attribuée à Serlio, véritable
joyau au milieu d'un riche écrin architectural. « Monument complet, dit Castellan,
qu'on ne se lasse pas d'admirer comme une
conception aussi neuve que grandiose. »

La reproduction, ci-contre, d'une gravure
d'Israël Henriet, datée de 1649, permettra
d'apprécier cette œuvre.

La façade consistait en deux pavillons
carrés et un corps de bâtiment en retraite
dont le milieu, élevé de deux étages, était
décoré de pilastres et de niches. Un fronton
détaché en surélévation, coupait de sa
masse élégante la haute toiture dissimulée
encore par deux lucarnes, elles-mêmes couronnées de frontons à volutes, pénétrant le
comble. Les deux pavillons d'angle, également ornés de pilastres et de niches et surmontés aux angles, en amortissements, de
piédouches, supportaient des statues. Le
premier ordre est toscan rustique à bossages
taillés en table; le second est dorique et les
lucarnes des combles étaient semblables à
celles de la façade. Un majestueux escalier
à double rampe, qu'on voit encore, s'alignant avec les pavillons d'angle, conduisait

d'une part à la salle des Gardes et d'autre part à la salle de la Belle Cheminée, depuis

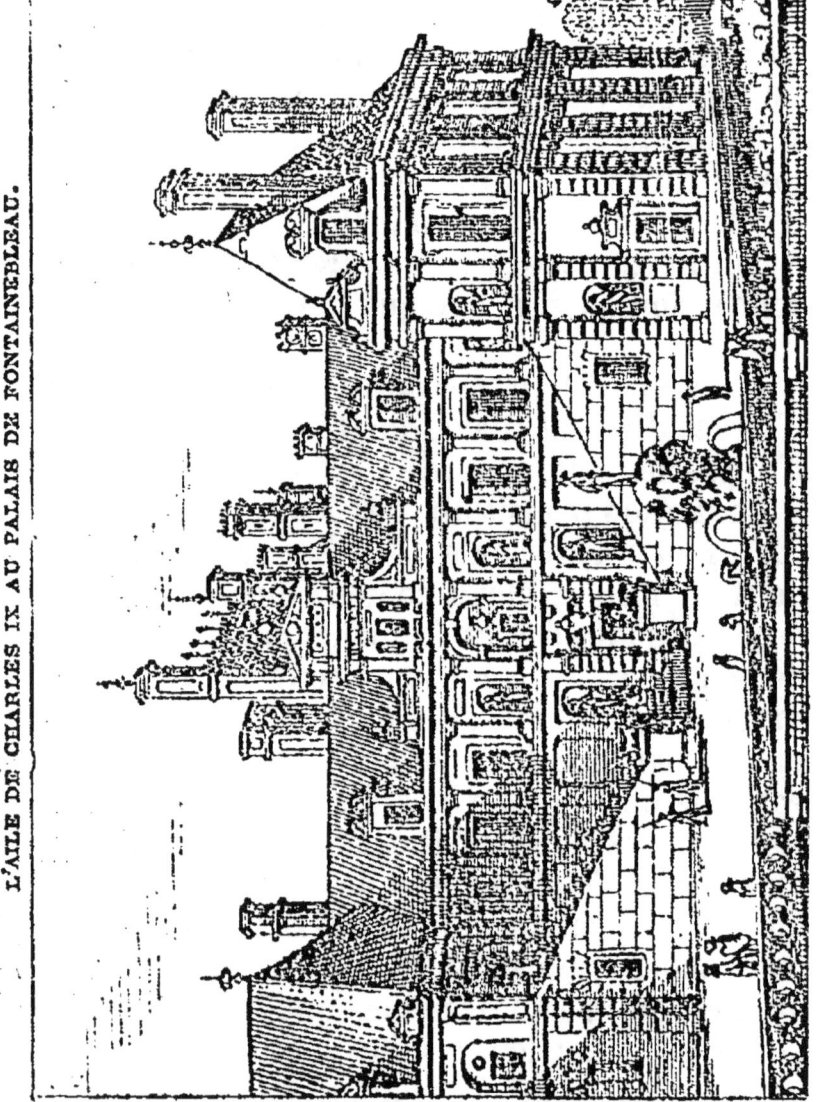

L'AILE DE CHARLES IX AU PALAIS DE FONTAINEBLEAU.

Gravure d'Israël Henriet, 1649.

la Grande Salle et, finalement, la Comédie. Les niches ménagées à droite et à gauche de la porte qui mène au Parterre avaient reçu quatre statues en bronze, savoir : au rez-de-chaussée, à gauche, l'Apollon, dit du Belvédère; à droite, la statue de l'Empereur Commode; au premier étage, la Vénus de Praxitèle et le Mercure, de Florence, et au milieu, un buste également d'après l'antique, celui de Socrate, dit-on.

Sur deux piédestaux, au départ de chaque « rampant » de l'escalier, deux gigantesques sphinx. Sauf un, tous ces bronzes provenaient des moulages que, vers 1540, François Ier fit prendre par le Primatice, dans les Jardins du Belvédère, à Rome, où étaient recueillis les chefs-d'œuvre en marbre de la statuaire antique. La fonte eut lieu à Fontainebleau même; « le Primatice, dit Vasari, eut, pour faire les dites statues, des maîtres si excellents dans l'art de la fonte, que ces œuvres vinrent non seulement à perfection, mais avec une peau si fine qu'il ne fallut quasi pas les retoucher. »

Ces beaux bronzes existent presque tous encore. L'Apollon et la Vénus du Belvédère, sont dans les petits jardins des Tuileries; l'Empereur Commode et le Mercure ont été dès longtemps transportés au musée du Louvre.

Quant aux deux sphinx, non compris, on ne sait pourquoi, dans l'inventaire, dressé en prairial an II, des œuvres d'art trouvées au Palais de Fontainebleau, ils ont, comme la statue du Tibre et les deux satyres de la cheminée de la galerie de Henri II, été fondus à la Révolution pour être convertis en monnaie de billon.

II

La salle de la Belle-Cheminée.

Le premier étage du pavillon de Charles IX au Palais de Fontainebleau, auquel on accède par le magistral escalier à « doubles rampants » dit des sphinx, est entièrement occupé par une salle unique et de vastes dimensions.

La galerie de Henri II, salle de bal dès sa création, était enserrée dans les appartements. La galerie de François Ier, alors inondée de lumière par les nombreuses baies ouvertes de chaque côté, n'était qu'une splendide communication ménagée entre les anciennes et les nouvelles constructions du palais. Malgré l'étendue et le nombre des appartements, malgré la juxtaposition presque indéfinie des édifices, le palais manquait d'une galerie pour les grandes cérémonies et les réceptions d'apparat, offrant un accès facile de l'extérieur. C'est, croyons-nous, pour répondre à un besoin urgent qu'a été créée la galerie, successivement dénommée : la salle, la grande salle, la salle de la Cheminée, la salle de la Belle-Cheminée, avant de devenir enfin la salle de la Comédie.

**

Commencée en 1559 par Charles IX, ce fut 30 ans plus tard que Henri IV y fit placer la monumentale cheminée dont la salle prit le nom. Cet ouvrage passait pour le plus beau connu de ce genre : il est du sculpteur Jacquet, de Grenoble, ou mieux, dit Grenoble.

Le père Dan a décrit cette belle cheminée qu'il a vue à sa place, car elle a disparu en 1733 lors de la malencontreuse construction de la regrettable salle de spectacle que Louis XV y fit agencer.

Elevée au fond sud de la salle qui ne mesure pas moins de 40 mètres de longueur sur 12 de largeur (vingt toises sur cinq), la hauteur totale de l'œuvre en marbre blanc, dans son ensemble, était de huit mètres, et sa largeur de sept mètres. Quatre colonnes de marbre brocatelle, à bases, chapiteaux et piédestaux de marbre aussi, soutenaient les chiffres du Roi ; les angles étaient ornés de consoles de bronze ; deux vases de même matière décoraient l'entrecolonnement, et ces vases ornés de bas-reliefs, posaient sur des piédestaux. Le manteau de la cheminée était une grande table en marbre noir, placée entre deux colonnes, et servait de fond au relief, en marbre blanc, du profil de la figure du Roi à cheval, armé, tête laurée et de grandeur naturelle ; un casque était sur le sol. De chaque côté de l'entrecolonnement était réservée une niche ornée de sa statue : l'Obéissance, dans l'une, la Paix, dans l'autre. D'autres allusions étaient aussi figurées dans une tablette en marbre noir placée au-dessus de la figure du Roi à cheval, et on y lisait en lettres dorées :

HENRICVS IV, FRANCORVM ET NAVARRÆ REX, — BELLATOR, VICTOR ET TRIVMPHATOR, BELLO CIVILI CONFECTO, — REGNO RECVPERATO RESTAVRATOQVE, PACE DOMI, FORISQVE CONSTITVTA, — REGIIS PENATIBVS REGALI SVMPTI FOCVM EVTRVXIT. — M.D.I.C.

D'autres trophées embellissaient encore cette riche cheminée. Les éloges des poètes ne firent défaut ni au Roi ni aux artistes.

**

Henri IV ne se contenta pas d'élever la belle cheminée ; il conçut aussi le projet de parfaire la décoration de la galerie qui était sa création. Le P. Dan constate qu'il avait déjà fait commencer quelques bordures en stuc qui n'ont pas été continuées. Dès lors, quelle a pu être l'ornementation définitive de cette galerie ?

Telle est la question que s'est posée

M. Charles Constant dans son *Molière à Fontainebleau*[1].

Les documents précis nous manquent, dit notre confrère, que nous allons suivre dans ses intelligentes recherches, mais il est probable que la décoration de la salle variait suivant les cérémonies accomplies dans cette partie du château et nous ne serions pas éloignés de croire que les douze tapisseries, représentant les mois, furent une des tentures habituelles de cette belle salle.

Cinq de ces œuvres ornaient encore la salle dite *des Tapisseries*, en 1832; Vatout en donne la description.

Que sont devenues ces cinq tapisseries? Que sont devenues surtout les sept autres? se demande M. Constant. « Nous l'ignorons, ajoute-t-il, mais nous avons vus reproduits par la photographie, à quatre exemplaires, les douze dessins des douze tapisseries dont nous parlons. L'histoire de ces douze dessins très curieux mérite de prendre place ici.

« Il y a quelques années, M. Paccard, alors architecte du palais de Fontainebleau, reçut en communication douze vieux dessins. Le premier de ces dessins portait cette inscription : *Les maistres de Fontaine-Bleau*; et sur le douzième on lisait : *Cecy est du temps de François I et des peintres de Fontaine-*

---

1. Meaux, imp. Carro, 1873.

Bleau. Frappé de la beauté de ces dessins, ainsi que de leur originalité, M. Paccard demanda l'autorisation de les faire reproduire par la photographie. Le soin de cette reproduction fut confié à un amateur des plus habiles, M. Regnault, et voici comment quatre épreuves photographiques de ces dessins se trouvent encore aujourd'hui entre les mains de quatre personnes de Fontainebleau (MM. Paccard, Cazeneuve, Gouvenin et Regnault), alors que l'original a été remis entre les mains de son propriétaire qui nous est resté inconnu.

» Les dessins que nous venons de signaler sont, suivant nous, quelques-uns de ces patrons sur grand papier, faits par le peintre Claude Badouyn, dont nous parlent quelques auteurs, et qui servaient de modèles pour la confection des tapisseries qui se fabriquaient dans des ateliers créés à cet effet, dès 1539, au palais de Fontainebleau. Quant aux tapisseries elles-mêmes des douze mois, ce sont peut-être celles de Jules Romain, données en garantie par le duc de Guise (1662), pour une somme de 83,000 livres, que lui avait prêtée Mazarin.

» Chaque dessin se compose d'une grande figure principale placée à droite dans une sorte de demi-niche, qui soutient un écusson ou un cartouche sur lequel est représenté un des signes du zodiaque. Cette disposition commune à tous les dessins ne varie que dans celui qui représente le *mois de février :* la figure est au milieu et la niche est entière. Chacun de ces dessins est en outre orné de nombreuses arabesques où les feuillages, les fruits, les draperies, les rubans et des sujets de tous genres sont merveilleusement groupés et enlacés avec art. Les détails de ces douze compositions sont peut-être encore plus finis, plus soignés, plus intéressants à étudier que les sujets principaux eux-mêmes, et les personnages accessoires, les animaux fantastiques qu'ils recèlent, sont d'une délicatesse et d'un goût exquis[1]. »

---

[1]. Voir une lettre de M. Constant reproduite *in fine*, *Annexe* nº II.

III

La salle de la Comédie.

La salle de la Belle-Cheminée porta, ainsi que nous l'avons vu, différents noms, jusqu'au moment où elle devint la « salle de la Comédie ». Elle eut aussi des destinations non moins diverses : Salle de réceptions, Salle de bal, Chapelle, Chapitre du Saint-Esprit, Salle de théâtre ; devenue après son incendie dépôt du service des bâtiments, elle est aujourd'hui concédée à la Société des Amis des Arts de Seine-et-Marne qui y tient ses expositions annuelles.

Louis XIII, encore dauphin, fut mené en 1604 à la grande salle « ouïr une tragédie représentée par des Anglais ; il écoute avec froideur, gravité et patience ». — En 1606, il y est mené encore pour voir les « artifices à feu ». — En 1608, on y dit la messe « à cause qu'on travaille à toutes les chapelles de ce chasteau ». — Le 7 juillet 1609, festin royal à l'occasion du mariage du duc de Vendôme et le lendemain 8, on y donne le ballet des « Preneurs d'amours » avec des faucons, des furets, et par des pêcheurs. — Le 2 avril 1616 et le 29 juin 1620, on y dit la messe, etc., etc.[1].

Plus tard Louis XIII y tient en 1633 un Chapitre de l'ordre du Saint-Esprit. Sous Louis XIV, il n'apparaît guère qu'on y ait donné autre chose que des représentations de la comédie française et italienne.

En 1725, la salle fut convertie tout à fait en salle de spectacle et en 1733, elle reçut un agencement tout nouveau ; mais la belle cheminée fut démolie et ses fragments dispersés. Louis XV, en effet, ne lésinait pas pour dépenser beaucoup d'argent au Palais de Fontainebleau, mais à l'encontre de ses prédécesseurs qui ajoutèrent de nouvelles constructions, il n'hésita pas à détruire des chefs-d'œuvre tels que la galerie d'Ulysse, la galerie des Cerfs, la salle de la Belle-Cheminée, la galerie de François Ier dont les fenêtres furent aveuglées du côté du Jardin de Diane par la construction d'une série d'appartements dont partie fut, plus tard, décorée sous Louis XVI.

Le Palais de Fontainebleau attendit donc longtemps avant d'avoir une salle de spectacle ; et encore ne l'eut-il qu'aux dépens de la

---

1. HÉROARD, *Journal de la jeunesse de Louis XIII*.

mutilation de la salle de la Belle-Cheminée, qui demeura, malgré des modifications successives, de la plus parfaite incommodité.

Lors de sa création, Fontainebleau ne fut, en effet, qu'un château-fort, avec donjon, pont-levis et fossés. Des agrandissements successifs créèrent de nouveaux logements ainsi que de belles galeries, mais de salle de spectacle, point. C'est qu'alors, les distractions de la Cour en villégiature étaient absolument extérieures : tournois, carrousels, jeu de paume, du pall-mall, etc. A cette époque, les jardins et dépendances du Palais étaient largement ouverts à tous : les noces villageoises des environs ne manquaient jamais d'y venir s'y promener et danser; parfois même elles étaient reçues par la Cour. Les bateleurs eux aussi, bohémiens ou acrobates étrangers, venaient librement s'y livrer à leurs exercices.

A l'intérieur, on donnait des concerts et des bals, où dansait des ballets; la galerie de Henri II et la « Grande salle » étaient largement suffisantes.

Sous Louis XIV, on commença à aimer les représentations théâtrales réglées : mais elles avaient lieu souvent en plein air, témoin celle de 1661, donnée dans le Parc, à l'Etoile, près du vaste bassin ménagé dans la grande prairie, au carrefour des huit allées principales. Toutes fois que ces réunions avaient lieu à l'intérieur du Palais, on aménageait un théâtre (une estrade), dans l'une des deux salles et tout était dit. Alors les spectacles avaient lieu le jour et pendant longtemps encore à 5 heures de l'après-midi. C'est de cette époque que date l'habitude des soupers servis à la sortie du spectacle.

En 1725, sous Louis XV, les représentations théâtrales devenant de plus en plus à la mode, on décida la construction d'une salle. Mais au lieu d'édifier un bâtiment spécial, on aménagea, tant bien que mal, la salle de la Belle-Cheminée, au premier étage de la galerie de Charles IX. C'est à dater de cette époque qu'elle perdit définitivement l'ancien nom qu'elle portait depuis 1633.

La première représentation qui y fut donnée eut lieu le 5 septembre 1725, le jour du mariage du Roi avec Marie Leczinska. On joua : *Amphitryon* et le *Médecin malgré lui*.

En 1733, le théâtre fut définitivement installé dans la salle de la Belle-Cheminée.

Rectifions, au passage, une erreur commise par Millin et par plusieurs auteurs : ce théâtre ne fut pas construit pour la marquise de Pompadour dont l'apparition à la Cour est postérieure de 12 ans (1745) — après la bataille de Fontenoy.

Plus tard, en 1743, de nouveaux travaux furent faits. C'est alors que la magnifique cheminée, construite par Henri IV, fut sacrifiée et que les quatre superbes colonnes en marbre de couleur ont disparu. On sait seulement qu'une de ces colonnes fut érigée par le comte de Toulouse, alors grand-veneur, dans la forêt, au centre du vaste carrefour qui porte son nom, et brisée à la Révolution. La seconde servit à supporter sur la place d'Armes le buste de Marat, lors de la fête civique donnée par le Club des Amis de la Constitution, le 20º jour du 1ᵉʳ mois de l'an II de la République française. Quant aux deux autres, que sont-elles devenues?

En 1834, par ordre du roi Louis-Philippe, les précieux restes de la « belle cheminée » furent recherchés. On en retrouva seulement le cadre si artistement sculpté qui entourait un bas-relief représentant la bataille d'Ivry et la reddition de Mantes, le portrait équestre de Henri IV et les deux grandes statues placées de chaque côté.

Le Henri IV à cheval, très heureusement placé sur une vaste cheminée en marbre royal, dans le salon Saint-Louis, y produit un bel effet.

Dans la salle des Gardes ont été utilisés les fragments de sculpture en marbre blanc. Un soubassement, qu'on a vainement essayé de raccorder avec les décorations anciennes, supporte les divers motifs. La médiocrité du travail moderne jure avec la finesse et l'élégance de l'œuvre de Jacquet. Ce qui en reste donne néanmoins une idée de ce que devait être, dans son ensemble, le monument de l'artiste grenoblois.

Voici quelle fut, en 1743, la disposition de la salle de la Comédie :

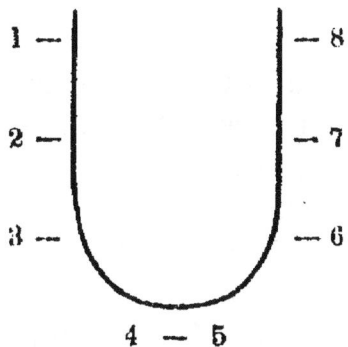

Au rez-de-chaussée se trouvaient le premier gentilhomme de la chambre, les princes et princesses du sang, les ministres, le premier médecin du Roi, la faculté de la Reine (1 à 6) princes et princesses du sang.

Au premier étage, 1 Dauphin et Dauphine, 8 la Reine, 6 ambassadeurs.

Au deuxième étage, femmes de chambre, valets de chambre.

Fermé à partir de 1787, le théâtre n'eut rien à gagner sous la Révolution et, depuis lors, il fut de rares fois utilisé sous Napoléon Ier, puis sous Louis-Philippe, lors des fêtes données en 1837 à l'occasion du mariage du duc d'Orléans. Entièrement abandonné depuis, il fut misérablement incendié le 24 octobre 1856, par l'imprudence d'employés qui faisaient leur lessive au rez-de-chaussée. Peu avant, 1854-1855, l'Empereur Napoléon III avait fait aménager, dans l'aile Louis XV, l'élégante salle de spectacle actuelle.

*
* *

La salle n'a pas eu le don d'exciter l'enthousiasme des auteurs qui ont écrit sur le Palais de Fontainebleau.

L'abbé Guilbert, si prodigue de détails, évite d'en parler tant soit peu longuement.

Millin[1] dit : « Le mauvais goût triomphe surtout dans la salle exécutée sous Louis XV ; il n'y reste qu'un rang de loges. Elle est bâtie sur un mauvais plan ; on ne peut voir la scène que du premier rang des loges ; elle est également chargée de dorures... »

Le comte Orloff[2] s'exprimait ainsi : « La salle de spectacle n'est point d'une forme semi-elliptique comme celle des théâtres antiques et nouveaux, mais telle qu'elle est, elle n'en est pas moins pittoresque et rappelle des temps dans lesquels on applaudissait moins aux yeux de Melpomène et de Thalie qu'à ceux des carrousels et des tournois. Les peintures en sont éclatantes ; on y voit un grand nombre d'ornements dorés

1. *Voyage dans les départements du midi de la France*, 1801.
2. *Voyage dans une partie de la France*, 1824.

en relief, mal à propos attribués, dit-on, à Claude Audran. »

Jules Janin, l'historiographe du mariage du duc d'Orléans, ne pouvait s'empêcher de constater[1] que « la salle est longue et étroite; l'ornement un couronnement de Louis XV; la scène est entourée de guirlandes de feuilles et de roses. » Le Roi, ajoutait-il, a beau dire qu'il ne veut pas bâtir une nouvelle salle de spectacle, je ferais volontiers le pari que la salle actuelle deviendra avant peu ce qu'elle était sous Louis XV, une salle de galas et de banquets. »

Deux ans plus tard, E. Jamin[2] sortait de sa réserve et n'hésitait pas à dire : « Construite dans le mauvais goût du temps, la salle de spectacle est étroite, écrasée et sans dégagements. Il y a tout lieu d'espérer que le temps n'est pas éloigné où elle sera distribuée et décorée selon les données du jour. »

Percier et Fontaine[3], les architectes de Louis-Philippe, reconnaissaient la salle de spectacle étroite et basse, peu digne d'être citée, si ce n'est qu'elle a servi aux premières représentations d'ouvrages célèbres.

Cependant, ils se préoccupaient d'une

---

1. *Fontainebleau, Paris, Versailles*, 1837.
2. *Le Palais de Fontainebleau*, 1839.
3. *Le Domaine de la Couronne*, Palais de Fontainebleau, 1837.

transformation possible, qu'ils étudiaient avec leur scrupuleuse conscience; voici quel était leur programme :

« Le petit théâtre de Louis XV, disaient-ils, sera incessamment l'objet de l'attention réfléchie et des soins bienfaisants du Prince dont la sage prévoyance sait descendre aux plus petites choses pour en améliorer l'usage et leur donner toute la perfection qu'elles peuvent atteindre. Cette salle étroite, basse et sans dégagements est l'un des principaux agréments de Fontainebleau. Elle sera, sans doute, bientôt rendue à sa destination première.....

» Elle sera presque entièrement reconstruite dans l'emplacement qu'elle occupe; elle sera distribuée et décorée selon les données de l'ordre actuel et l'on a tout lieu de penser qu'après son achèvement, si l'on recherche, ainsi que nous l'avons précédemment fait, dans les productions des arts, à différentes époques, l'influence des mœurs qui leur ont donné naissance, on reconnaîtra, bien certainement qu'ici, loin de toutes les préventions absurdes, loin de l'engouement aveugle, constamment en garde contre les dangereux écarts de l'esprit de vogue ou d'imitation, la sagesse, d'accord avec la saine raison, aura dicté toutes les conditions du travail. »

Malgré ses nombreuses imperfections, toutes les célébrités de la danse, du chant, de la comédie et de la tragédie ont, pendant cent quinze ans figuré dans cette salle : Sophie Arnould, Molé, Mlle Clairon, Le Kain, Talma, Nourrit, Duprez, la Camargo, Taglioni, Mars, Duchesnois, etc.

Nous publions, en y ajoutant quelques notes, une nomenclature aussi complète que possible, des représentations qui furent données dans la salle de l'Ancienne Comédie, de 1747 à 1787.

Les renseignements précis faisant défaut, on ne peut présenter un travail mathématiquement exact. Comme sources où nous avons puisé, nous indiquerons les Chroniques de l'époque, Castil-Blaze, Champollion, des notes de Chennevière, d'Alexis Durand, Percier et Fontaine, etc.

Nous souhaitons que nos lecteurs trouvent dans cette compilation, dont le seul mérite sera d'être publiée pour la première fois, quelques détails de nature à les intéresser.

NOTES

1747. 16 octobre. *L'Homme à bonnes fortunes*[1]. *Le Florentin*[2].

1747. 17 octobre. *Rodogune*[3]. *Le Français à Londres*.

1747. 21 octobre. *Les Jumeaux*. Ballet. Feu d'artifice.

1. De Baron. Célèbre comédien et auteur, né à Paris en 1653, mort le 22 décembre 1729. Il était fils d'un marchand de cuirs à Issoudun et se fit comédien par amour pour une belle actrice avec laquelle il joua. — « Cette comédie, dit Hippolyte Lucas, est amusante et spirituelle, non pas que l'esprit y soit en relief, mais il est mêlé dans la contexture de la pièce avec assez de bonheur. » — Première représentation à la Comédie Française en 1686.

2. Comédie en vers de La Fontaine. Elle était d'abord en trois actes et fut réduite en un seul par J.-B. Rousseau. L'intrigue de la pièce est légère, mais les détails piquants et le mérite du style rachètent amplement ce défaut.

3. Cinq actes et en vers de Corneille. Représentée pour la première fois en 1656, avec un très grand succès. C'était de toutes les pièces de Corneille celle qu'il préférait.

1747. 24 octobre. *Le Misanthrope*[1]. *Le Procureur arbitre*[2].

1747. 26 octobre. *Alzire*[3] et *Aphos*.

1747. 28 octobre. *L'Épreuve. Les Funérailles d'Arlequin. L'Amant auteur et valet.*

1747. 30 octobre. *La Mère coquette*[4] *et Zénobie. La Fausse suivante.*

1747. 2 novembre. *Rhadamiste*[5]. *Le Rendez-vous*[6].

1747. 4 novembre. *Les Rivales*[7]. *La Joute*

1. De Molière. Représenté pour la première fois sur le théâtre du Palais-Royal le 4 juin 1656.

2. Comédie en un acte et en vers de Ph. Poisson (Comédie Française le 25 février 1728). Pièce à tiroirs et l'un des modèles du genre.

3. Tragédie de Voltaire, représentée pour la première fois le 27 janvier 1736. Les caractères originaux et contrastés des principaux personnages, les éclairs de génie qui brillent dans tous les détails et les difficultés vaincues, tout nous fait regarder cet ouvrage comme un chef d'œuvre (La Harpe).

4. Ou *Les amants brouillés*, de Quinault, cinq actes et en vers (1661). Comédie soignée, œuvre littéraire. Cette pièce, qui est restée au répertoire, est une de nos plus jolies comédies d'intrigue.

5. Tragédie par Crébillon, représentée le 23 janv. 1711. Le sujet de cette tragédie est emprunté à Tacite. Rhadamiste est le chef d'œuvre de Crébillon et l'une des bonnes œuvres de la Comédie Française.

6. Comédie en un acte et en vers, par Fagan, représentée le 27 mai 1733. Ingénieux badinage, écrit avec élégance et sans affectation d'esprit.

7. Comédie en cinq actes et en vers, de Quinault, représentée sur le théâtre de l'hôtel de Bourgogne en 1653. Cette pièce est en partie composée de nombreux emprunts faits aux *Deux Pucelles* et à la *Sœur Généreuse*, de Rotrou. Quoique médiocrement écrite, on re-

d'Arlequin et de Scapin. Les Tableaux. Le Berceau. Feu d'artifice.

1747. 6 novembre. Endymion¹, deux actes. Au Concert de la Reine.

1747. 7 novembre. Le Philosophe marié² et la Pupille³.

1747. 9 novembre. Andromaque⁴ et le Dédit⁵.

1747. 14 novembre. Le Méchant⁶ et l'Étourdi⁷.

marque dans les Deux Rivales, une certaine entente de la scène et un intérêt habilement soutenu. Le succès de cette pièce, le début de l'auteur, fut si brillant, qu'il se décida à suivre la carrière du théâtre.

1. Endymion, pastorale héroïque, par Fontenelle, musique de Colin de Blamont. A l'Opéra en 1731.

2. De Destouches (Théâtre français, 15 février 1727). L'auteur a mis en scène dans cette pièce, toute sa famille, son père, son oncle, sa femme, sa belle-sœur et lui-même. Le sujet est son propre mariage. L'action est vive, intéressante. Quelques scènes sont plus scabreuses que Destouches ne se le permet d'ordinaire. On n'y regardait pas de si près sous Louis XV.

3. Comédie en un acte et en prose, de Fagan, représentée le 5 juin 1734. Cette petite comédie est une pièce à la Marivaux. Le dialogue est simple et naturel et le style d'un excellent ton.

4. La célèbre tragédie de Racine dont la première représentation eut lieu à l'hôtel de Bourgogne le 10 novembre 1667, qui fut le triomphe de Baron, de la Champmeslé et de Mlle Desœillets.

5. Comédie en un acte et en vers de Dufresny (Théâtre français 1719). L'intrigue marche sur les brisées des Précieuses ridicules.

6. Comédie en cinq actes et en vers, de Gresset (Comédie Française, 27 avril 1745). Le Méchant, dit M. Villemain, est la médaille des salons du xviiie siècle. La pièce est dirigée contre la corruption du grand monde sous la Régence.

7. Comédie en cinq actes et en vers, le premier ouvrage

1747. 16 novembre. *L'Arcadie enchantée. Inès de Castro*[1]. *Le Fat puni.*

1751. 9 novembre. La Cour entend des ariettes italiennes chantées par la signora Violante Vestrèse.

1752. 18 octobre. Première représentation sur le théâtre de la Cour, à Fontainebleau, du *Devin de village*, paroles et musique de J.-J. Rousseau, et qui y fut représenté plusieurs fois sous Louis XVI.

Cette fade, froide et fausse paysannerie réussit complètement à la Cour et n'eut pas moins de succès à Paris.

D'après Castil-Blaze et d'autres auteurs, les paroles sont de J.-J. Rousseau et la musique, simple bluette, — moins qu'une opérette de salon, — dans laquelle on trouve deux ou trois chansonnettes qui ne sont pas dénuées de naturel et de sentiment, serait d'un compositeur de Lyon, nommé Granet.

Quoi qu'il en soit, la grande réputation de l'illustre philosophe vint ajouter au succès et le prolongea bien au delà des bornes assignées aux ouvrages de ce calibre, de ce temps et de ce style. Profitant du silence forcé de son musicien, mis en sépulture à Lyon, Jean-Jacques s'était emparé de la partition de Granet, la fit

---

de Molière. Représentée à Lyon en 1653 et à Paris en 1658, sur le théâtre du Petit-Bourbon.

1. Tragédie en cinq actes et en vers, de Lamotte (Comédie Française, 1730). Voltaire avoua que cette pièce l'avait ému et la scène française remporta avec cette tragédie un des plus grands succès qu'on ait constatés depuis le *Cid*.

mettre en scène, exécuter, imprimer sous son propre nom et toucha le double droit d'auteur.

Interprété par Jélyotte et Mlle de Fel, le succès fut éclatant sur le théâtre de la Cour à Fontainebleau. Si bien que le philosophe, si détaché en apparence de tous les biens de la terre, qui avait assisté à la première représentation, dans une tenue négligée, la barbe non faite, enfoncé dans une loge obscure, ne put contenir la grande satisfaction qu'il éprouva et se prit à pleurer! Aussi le lendemain ne se possédait-il pas de joie en recevant une lettre de Jélyotte lui annonçant que « Sa Majesté ne
» cessa de chanter toute la journée, avec la
» voix la plus fausse de son royaume :

» J'ai perdu mon serviteur,
» J'ai perdu tout mon bonheur. »

Quelque temps après, le *Devin de village* fut représenté sur le théâtre de Trianon par Mme de Pompadour. Sous Louis XVI, il fut de nouveau joué sur le même théâtre par la Reine Marie-Antoinette et le comte d'Artois qui y remplirent les rôles créés par Jélyotte et Mlle de Fel.

1753. Octobre. Le spectacle commence au Palais de Fontainebleau à l'arrivée même de la Cour. Les deux frères Dubrus y débutent, l'un sous le nom de Préville, l'autre sous le nom de Chanville. Ils se ressemblaient si parfaitement que le roi voulut qu'ils jouassent *les Ménechmes*[1] sur le théâtre du Palais.

---

1. Comédie en cinq actes et en vers, de Regnard, imitée de celle de Plaute, mais en différant pas les inci-

Les spectacles se succédaient avec une grande variété : la comédie française, la comédie italienne, le ballet, l'opéra, eurent chacun leur tour. Dans *la Comédie sans comédie*[1] et *le Mercure galant*[2], où Préville[3] joua avec un admirable talent cinq rôles différents et celui de Crispin médecin, dans la pièce qui porte ce titre. Son succès fut tel que le Roi, sans attendre l'expiration du délai prescrit pour l'essai des débutants, l'admit au nombre de ses comédiens.

1753. 23 octobre. Représentation des *Fées*[4], de Dancourt, avec intermèdes, prologue en musique, ballets; les Italiens, l'opéra avec ses chanteurs, l'orchestre, les demoiselles de la musique du Roi et les musiciens concourent à cette représentation extraordinaire. Francœur conduisait l'orchestre et Rebel le théâtre. Le Roi fut si content qu'il donna aux acteurs les décorations et les costumes, de sorte qu'on put représenter la pièce à Paris.

dents. C'est une des plus régulières et des mieux travaillées de celles de Regnard.

1. Par Quinault, représentée en 1651. Pièce à tiroirs avec divertissements; musique de Lulli.

2. Comédie en cinq actes et en vers, de Boursault (Comédie Française, 5 mars 1683). Grand succès.

3. Préville (1721-1799). Acteur parfait et grand comédien. Nul avant lui n'avait présenté au public plus de variété dans les personnages : Crispins, manteaux, financiers, amants, tuteurs, valets, tous ces caractères, dit Dazincourt, ont été embellis par son génie créateur. Préville fut l'acteur le plus exact, le plus varié, le peintre le plus fidèle. Pendant trente-trois ans il fut le premier comédien du Théâtre français.

4. Comédie en trois actes et en prose, avec un prologue en vers libres (29 octobre 1699). Dancourt était né à Fontainebleau le 1er novembre 1661.

1753. 17-20 novembre. *Atys*[1], opéra, fait la clôture de la saison.

1753. D'importants travaux sont exécutés dans la salle de spectacle. L'avant-scène et les loges sont refaites; le théâtre et l'orchestre ont été remis en communication. On établit un deuxième rang de loges au-dessus de la grande loge du fond. Pour leur décoration, la tapisserie est préférée à la boiserie.

1754. Le théâtre qui avait reçu de récentes et utiles réparations, réunit plusieurs fois les illustres hôtes du Palais dans la première moitié du mois d'octobre.

1754. 4 octobre. La saison théâtrale commence ce jour; les représentations scéniques reprennent faveur. Pour une plus grande variété on exécutait parfois, dans une même soirée, des actes isolés de diverses pièces.

La musique de Rameau et les ballets de Laval conservent leur faveur dans les spectacles de la Cour.

1754. 8 octobre. *Le Curieux impertinent*, de Destouches, cinq actes et en vers. Inspiré d'une nouvelle de Michel Cervantes.

1754. 9 octobre. Par les comédiens italiens, *le Joueur*, pièce italienne en trois actes.

---

1. Tragédie lyrique en cinq actes, musique de Lulli, paroles de Quinault, représentée pour la première fois devant le Roi, en 1676, à Saint-Germain et à Paris l'année suivante. A la troisième reprise, en 1686, devant le Roi le ballet fut composé des plus grands seigneurs et des plus belles dames de la Cour: le Dauphin, le prince de la Roche-sur-Yon, le duc de Vermandois, le comte de Brionne, etc., Mᵐᵉ la princesse de Conti, Mˡˡᵉˢ de Lillebonne, de Tonnerre, de Laval et de Loubez.

1754. 10 octobre. *Le duc de Foix*, tragédie de Voltaire. Bonne réussite.

1754. Samedi, 12 octobre. Ouverture de l'opéra par une série de fragments : *La Naissance d'Osiris*, ballet allégorique, paroles de M. de Cahuzac, de l'Académie royale de Prusse; *les Incas du Pérou*, de Fuzelier, musique de Rameau; *Pygmalion*, acte du ballet de Lamotte, remis au théâtre par Balut de Savot, musique de Rameau [1].

1754. 14 octobre. *Le Muet* [2], comédie en cinq actes et en prose, de Brueys, joué par les comédiens français. — Le 18, première représentation de *Thésée* [3], cinq actes, paroles de Quinault, musique de Lulli, ballets de Laval, maître des ballets du roi; et successivement : *Anacréon*, ballet héroïque, paroles de Cahuzac, musique de Rameau; *les Troyennes*, tragédie de Châteaubrun. Mme de Pompadour s'est trouvée mal à la scène d'Hécube et de Polyxène. Cette situation vraiment tragique renouvelait le souvenir de la perte de Mlle Alexandrine, sa fille unique. *Thétis et Pélée*, de Fontenelle, musique de Colasse, élève de Lulli, ballets de Laval père et fils [4].

1. Réédition de l'opéra de Moffe, musique de la Barre, représenté à l'Opéra le 16 mai 1700. Sous sa nouvelle forme, il fut représenté pour la première fois à l'Académie royale le 27 août 1748.

2. Comédie française, 22 juin 1691. L'auteur y a parfois retrouvé quelques-uns des traits familiers de Molière.

3. Un des meilleurs ouvrages de son époque. Première représentation en 1675, devant le Roi à Saint-Germain. Souvent repris, représenté pour la dernière fois 104 ans après en 1779.

4. Cette tragédie lyrique, représentée pour la pre-

La dernière représentation eut lieu le 15 novembre, et la pièce jouée devant la Cour fut la comédie de Boissy, cinq actes en vers, *les Dehors trompeurs,* suivie du *Mariage fait et rompu,* trois actes en vers de Dufresny.

Le goût prononcé de la Cour pour la diversité des spectacles amena la représentation d'une pastorale en dialecte languedocien : *Daphnis et Alcimandure,* trois actes précédés d'un prologue en français, de Voisenon, *Isaure, ou les Jeux floraux,* musique de Mondonville, maître de chapelle du Roi, ballets de Laval. Cette pièce eut deux représentations, le 1er et le 3 novembre. Le 29 décembre suivant elle fut réprésentée à l'Académie royale de musique et y fut, comme au théâtre de la Cour, l'occasion d'un grand succès pour Jélyotte, Latour et Mlle de Fel, qui, tous trois gascons, avaient une prononciation excellente.

Alceste[1], par Quinault et Lulli, ballets de Laval, fut également joué deux fois, les 7 et 9 novembre, aux applaudissements enthousiastes de la royale assistance, qui ne pouvait revenir de sa profonde admiration pour les perfections de ces ouvrages. On était surpris de voir réunies en un espace aussi exigu tant de magnificence, et dans les scènes du *Siège de*

---

mière fois le 11 janvier 1689, était précédée d'un prologue, véritable dithyrambe en l'honneur de Louis XIV. Elle a été reprise huit fois jusqu'en 1750, date à laquelle Fontenelle assista à la représentation à l'amphithéâtre où il s'était trouvé 61 ans avant.

1. Représenté pour la première fois sur le théâtre du Palais-Royal le 19 janvier 1674. Grand succès, mais a été bien oublié depuis l'apparition en 1761 d'un opéra de Gluck, portant le même titre.

Scyros, toutes les manœuvres de guerre dans la manière antique la plus fidèle. Trois cents acteurs ne laissaient rien à désirer pour le chant, la danse et la musique. La décoration et les machines fonctionnèrent admirablement.

1754. 29 octobre. *Daphnis et Alcimandure*, paroles et musique de Mondonville.

L'acteur Drouin se démet le tendon d'Achille dans une représentation à Fontainebleau et obtient sa retraite.

1754. 19 décembre. On joue *le Complaisant*, pièce attribuée à Delaunay, mais qui est de Pont de Veyle.

1760. 22 octobre. Reprise de l'opéra de *Castor et Pollux*, de Gentil-Bernard, secrétaire du duc de Coigny, musique de Rameau. Sophie Arnould y joue le rôle de Thélaïre. Grand succès.

1760. 28 octobre. *Psyché*, ballet, paroles de Voisenon, musique de Mondonville. Le Roi en fut si satisfait qu'il le redemanda. Ne pas confondre avec *la Psyché*, de Lafond, musique de Lulli.

1762. 15 octobre. *L'Amour et Psyché*, de l'abbé de Voisenon, musique de Mondonville. Pour ajouter à ce spectacle tout l'éclat imaginable, le trône de la déesse, dans son palais, fut paré de tous les diamants et de toutes les pierreries de la Couronne.

1762. 18 octobre. L'opéra va à Fontainebleau. Les acteurs vont et reviennent en poste.

1763. *Castor*, opéra, musique de Rameau. Le chœur, *Brisons nos fers*, dont le rythme nouveau et le coloris vigoureux avaient produit à la scène un immense effet, est resté célèbre.

1763. 29 septembre. On assure que Fontainebleau sera très brillant pour les fêtes et que le palais de diamants est changé et doit être infiniment plus beau.

L'*Idoménée*, de M. Lemierre, doit être joué pour la première fois à la Cour et ne paraîtra point à Paris avant. On l'annonce comme un drame de la plus grande beauté pour ses situations : si la pièce réussit, il est d'étiquette qu'on fasse à l'auteur une gratification de deux mille écus. Cette tragédie n'a été représentée qu'en 1764, à Paris.

1763. 8 octobre. *Dardanus*, tragédie en cinq actes, paroles de feu de La Bruère, musique de Rameau, ballets de Laval père et fils. Chœurs nombreux, corps de danse au grand complet, dans lequel se sont fait remarquer : Vestris, sa fille, la Guimard, etc. Dans le chant, Jélyotte remplissait le rôle de Dardanus et Mlle Arnould celui d'Iphise.

1763. 22 octobre. L'opéra de *Scanderberg* a été exécuté à Fontainebleau avec la plus grande magnificence. La décoration de la mosquée surpasse tout ce qu'on en peut dire, les colonnes en sont garnies de diamants et font un effet des plus surprenants. On prétend que c'est en petit l'imitation de celle de Sainte-Sophie. Ce drame est connu pour être de M. de La Motte, avec prologue de Lasserre, musique de Rebel et Francœur. Chassé, Tribou, Jélyotte, Dun, Mmes Eremans, Antier, Pellissier et Mlle Sallé, en furent les interprètes principaux. Le cinquième acte était d'une main étrangère, lorsqu'il fut joué en 1735. Ce même acte a été changé en paroles et en musique : on a également ajouté des morceaux de chant et de symphonie dans l'ouvrage.

1764. L'aspect du séjour de la Cour, dans le voyage de septembre 1764, fut des plus resplendissants ; elle était nombreuse et brillante, on y joua les opéras de *Dardanus*, de *Castor et Pollux*, et l'on prôna la richesse des décorations et des costumes, ainsi que le mérite de l'exécution.

1764. 27 octobre. Première représentation, sans succès, sur le théâtre de Fontainebleau, du *Dormeur éveillé*, comédie en deux actes, mêlée d'ariettes, musique de La Borde.

1764. 28 octobre. *Titon et l'Aurore*, pastorale héroïque en trois actes, paroles de feu de La Marre, musique de Mondonville, ballets de Laval père et fils. Jélyotte, la demoiselle Chevalier et la demoiselle Dubois dans le chant, Vestris et sa fille, la Guimard, Gardel, dans les ballets; chœurs et divertissements.

1764. 1er novembre. On donne à la Cour une seconde représentation de *Blanche et Guiscard*. Le Roi se fit présenter l'acteur Armand, connu par ses galanteries et lui demanda combien il avait de bâtards. 33, Sire, et tous vivants, lui fut-il répliqué le plus naturellement du monde.

1764. 7 novembre. *Thésée*, paroles de Quinault, musique de Lulli.

1764. 9 novembre. Pour la clôture, *Érosine*, musique de Berton, paroles de Moncrif, luthier de la Reine. Louis XV disait à Moncrif :

« Vous êtes bien vieux pour faire des pièces de
» théâtre; on vous donne 90 ans. » — « Sire,
» répondit l'auteur, il est vrai qu'on me les
» donne, mais je ne les prends pas. »

1765. 1er septembre. Le maréchal de Richelieu, en exercice cette année, a voulu qu'on ne représentât sous ses auspices que des pièces nouvelles devant LL. MM., et les représentations ont été continuées jusqu'à ce moment sans interruption, malgré l'état du Dauphin et les inquiétudes que donne sa santé.

L'ouverture du théâtre s'est faite par *Cinna*, pour faire débuter Aufrêne. On dit que cet auteur n'a pas plu.

Le second spectacle a été rempli par la représentation de *Thétis et Pélée*, de Fontenelle, que M. de La Borde, valet de chambre du Roi, a essayé de mettre en musique, quoique « un certain » Colasse, élève de Lulli, l'ait psalmodié il y a environ quatre-vingts ans. On dit que dans l'essai que M. de La Borde vient de faire, la partie du chant est mauvaise et les airs de danse jolis.

Troisième spectacle. *Renaud d'Ast*, opéra comique en deux actes, paroles de Lemonnier, musique de Trial et Vachon, jeunes musiciens du prince de Conti. On a trouvé la musique assez jolie et la pièce détestable. Joué sans succès.

La tragédie d'*Adélaïde du Guesclin*, de Voltaire, donnée pour quatrième spectacle, a eu un succès universel, alors que trente ans avant elle avait médiocrement plu.

Cinquième spectacle. *Sylvie*, opéra en trois

actes, paroles de Laujon, musique de Berton et Trial. Succès médiocre.

1765. 11 octobre. *Thétis et Pélée*, opéra de Fontenelle, musique de Colasse, refondue par La Borde. Mlle Arnould jouait Thétis et Legros Pélée. Ballets brillants, magnifique mise en scène.

1765. 17 octobre. *Sylvie*, ballet héroïque, paroles de Laujon, musique de Trial et Lebreton. Trois actes.

1765. 24 octobre. A *Sylvie* a succédé *Palmyre*, ballet héroïque, musique de Bury, poème de Chamfort. Jélyotte a chanté le rôle de Zélénor et n'a pas fait plaisir.

Diane et Endymion, pantomime héroïque en trois actes; on dit que la décoration du Temple de la Lune est superbe.

1765. 24 octobre. *Palmyre*, opéra en un acte. Paroles pas mauvaises, musique médiocre qui a eu besoin du secours de Jélyotte. Ballet de *Diane et Endymion*.

1765. 26 octobre. *La Fée Urgèle*, quatre actes tirés du conte de Voltaire : « Ce qui plaît aux Dames ». Exécution par les acteurs de la comédie italienne. Grand succès. Musique de Duni, paroles de Favart. Brillante représentation.

1765. 29 octobre. *Églé, ou le Sentiment*, comédie allégorique de Vallier, a provoqué un « assoupissement général qui tenait lieu de sifflets ». *Le Triomphe de Flore*, musique de Dauvergne. Succès pour Legros.

1765. 2 novembre. *Zémis et Almasie*, opéra

de Chamfort, musique de La Borde. — *Le Triomphe de Flore*, précédé d'une comédie en vers, intitulée *Églé*, l'emporte par la platitude sur tout ce qui a été joué à la Cour. Paroles de Vallier, musique de Dauvergne. La comédie d'*Églé*, du même Vallier, est encore plus terrible. Le seul spectacle qui ait réussi est la tragédie d'*Adélaïde*.

1765. 2 novembre. *Zémis et Almasie*, ballet héroïque. Jélyotte a fait le rôle de Zémis avec le plus grand succès.

1765. 5 novembre. *L'Orpheline léguée*, comédie nouvelle en trois actes et en vers libres, par Saurin. Grand succès.

Un autre dit que le succès n'a pas été très brillant. Cette pièce devait, paraît-il, s'appeler *l'Orpheline reléguée*.

1765. 6 novembre. *Fatmé*, comédie-ballet en deux actes, de Saint-Marc, musique de Dezèdes.

1765. 7 novembre. *Thésée*, de Quinault, remis en musique par Mondonville.

Deuxième représentation le 9 novembre. Pas réussi. On trouve la beauté du récitatif de Lulli supérieure aux gentillesses de la musique moderne.

1765. 9 novembre. Pour la clôture des spectacles de Fontainebleau, *Érosine*, opéra en un acte, musique de Berton, paroles de Moncrif. Ce spectacle a eu du succès. Jélyotte a pris congé du théâtre de la Cour et a reçu de grands applaudissements.

1768. 2 octobre. Comme il n'y a point de spectacle à la Cour, à cause du décès de la

Reine, on doit donner sur un théâtre particulier à Fontainebleau, pour le roi de Danemark, l'acte d'*Eglé*, tiré des *Talents lyriques*, et l'acte turc de *l'Europe galante*. Les trois spectacles y passeront successivement. Toute cette dépense se fait par les menus.

1768. 24 octobre. Arrivée du roi de Danemark à Fontainebleau, avec une suite nombreuse.

Le lendemain on joue sur le théâtre de la ville [1] *Tancrède* [2] et le *Cercle* [3]; le roi de Danemark assiste au spectacle et la musique du Roi exécute sur le même théâtre un acte des ouvrages intitulés : *les Talents lyriques* et *l'Europe galante*.

1768. 3 novembre. Fête de Saint-Hubert. Après une grande chasse, le roi de Danemark se rend à cinq heures au théâtre de la ville, où les musiciens du Roi et les acteurs de l'Académie royale de musique jouèrent *Érosine* et le *Devin de Village*, de J.-J. Rousseau, avec la décoration de diamants qui ne cadrait pas avec

---

1. Par brevet de 1756, le Roi avait délivré au sieur Armand père et à la Thorillière la permission de construire un théâtre dans la rue de l'Obélisque (boulevard Magenta), sur un terrain contenant 351 toises de superficie, faisant partie du jardin des Pins, à côté de l'hôtel de Soubise, c'est-à-dire le fleuriste actuel. La maison du jardinier chef devait en dépendre.

Il y avait souvent foule à ce théâtre qui était desservi par les comédiens du Roi les jours où il n'y avait pas de représentation au Château.

Voir *in fine*, Annexe n° 1.

2. De Voltaire.

3. Comédie de Poinsinet, né à Fontainebleau.

ces deux drames, mais qui a frappé le Roi par son éclat éblouissant.

Le 4, le Roi se rend encore au théâtre de la ville pour assister à la représentation donnée par les comédiens italiens. On joue *le Tonnelier*[1] et *Tom Jones*.

1769. 2 octobre. La Cour est triste; on regarde les spectacles comme mal choisis et rebattus. Dans ceux donnés la semaine précédente, *Isabelle et Gertrude*[2] avaient semblé faire le plus grand plaisir. Mesdames ont trouvé *le Déserteur*[3] froid et long. On devait donner, le mardi 17, *Tancrède* et *le Dédit*[4]; le mercredi 18, *Lucile*[5] et *Rose et Colas*; le jeudi 19, *le Magnifique*[6] et l'acte de *Zélindor*. — On parle des petits soupers du Roi comme très agréables et où les

---

1. Opéra comique en un acte, tiré du *Cuvier*, conte de La Fontaine. Paroles et musique d'Audinot, retouché par Quétant, musique de Gossec.

2. Comédie en un acte, mêlée d'ariettes, paroles de Favart, musique de Blaise, représentée pour la première fois, au Théâtre italien, le 14 août 1765.

3. Paroles de Sedaine, musique de Monsigny. Resté au répertoire.

4. Comédie en un acte et en vers, de Dufresny. Théâtre français, en 1719. L'intrigue marche sur les brisées des *Précieuses ridicules*. Le *Dédit* resta au répertoire.

5. Comédie en un acte et en vers, mêlée d'ariettes, paroles de Marmontel, musique de Grétry; le second ouvrage, du même auteur, obtint un grand succès. C'est dans cette pièce que se trouve le fameux air : *Où peut-on être mieux qu'au sein de sa famille*, dont la fortune fut si grande sous la Restauration.

6. Comédie en deux actes et en prose, de Lamotte-Houdard (1721). Il y a dans cette pièce des scènes intéressantes et le dialogue est prestement mené.

femmes de la Cour qui avaient témoigné le plus de répugnance pour Mᵐᵉ Du Barry, briguent avec le plus d'empressement d'être admises. Les seigneurs ne sont pas moins avides de cette faveur qui ne s'accorde pas à tous ceux qui la recherchent.

1769. 20 octobre. Représentation sur le théâtre de la ville de Fontainebleau d'une pièce en un acte et en prose, *le Cri de la Nature*, du sieur Armand, fils du comédien de ce nom et concierge de la Comédie française. Les pages du Roi ont assisté à cette représentation et ont soutenu la pièce qui a été jusqu'aux nues. Toute la Cour veut voir la nouveauté.

1769. 25 octobre. *La Rosière de Salency*, comédie en trois actes avec ariettes, paroles de Favart, musique de Philidor et de Monsigny, a été jouée devant le Roi sans succès. Un opéra de Laujon, n'a pas eu un meilleur sort. *Le Cri de la Nature* reçoit de nouveaux éloges. L'auteur remet à la scène son *Honnête homme*, en cinq actes et en vers, qui doit être joué le jour des Morts.

1769. 31 octobre et 2 novembre. On a donné l'acte d'*Érosine* en déployant toute la magnificence de la décoration de Lévêque, entre autres celle des diamants, qui produit un effet merveilleux.

1770. 14 octobre. Les spectacles se sont ouverts par *Arlequin et Scapin rivaux* et *le Bûcheron*. Mᵐᵉ la Dauphine (Marie-Antoinette) a paru s'amuser infiniment à cette pièce. Mᵐᵉ Laruette a été fort applaudie dans *le Bûcheron*.

1770. 27 octobre. *Les Deux Avares*, paroles

de l'athaire, musique de Grétry. Cette pièce a eu beaucoup de succès. On sait que personne ne peut applaudir et que les battements de mains sont interdits, ce qui rend le spectacle très froid.

1770. 2 novembre. *Thémire*, pastorale en un acte, de Sedaine, musique de Duni.

1770. 6 novembre. *Thémire*, déjà représentée le 2. Le Roi assiste à la représentation à côté de Mme Du Barry.

1770. 9 novembre. Reprise d'une ancienne pièce, *les Carrosses d'Orléans*, qui a eu le plus grand succès. Favart y a ajouté des couplets qui contiennent l'éloge de la Dauphine. Les jeunes princes, le Dauphin (depuis Louis XVI), le comte de Provence, le comte d'Artois, par extraordinaire, étaient à ce spectacle qui les a fait rire, ainsi que la princesse leur belle-sœur. M. le Dauphin, plus sérieux, n'a pas paru prendre une part bien marquée à cette grosse gaîté.

1770. 10 novembre. *La Rosière*, opéra comique.

1770. 13 novembre. *L'Amitié à l'épreuve*, de Favart, musique de Grétry, et *la Fête de Flore*, comédie-ballet, par Saint-Marc, musique de Trial.

1770. 15 novembre. *La Fête de Flore*, comédie-ballet, par Marquis de Saint-Marc.

1770. 29 novembre. La demoiselle Bèze, danseuse de l'Opéra, très médiocre, mais de la plus jolie figure du monde, a porté la désolation à la Cour pendant le voyage de Fontainebleau. Trois jeunes seigneurs, séduits tour à tour par ses charmes, se sont trouvés infectés d'une maladie honteuse : M. le prince de Lambesc, M. le prince de Guémenée et M. le marquis de Liancourt sont les malheureuses victimes de la lubricité de cette actrice. Mme la comtesse de Brionne a été très offensée de l'insolence de Mlle Bèze, qui, malgré les ordres qu'elle lui avait fait donner de ne point paraître à Fontainebleau, sur les connaissances que cette mère avait de la funeste inclination de son fils, a eu l'audace de s'y rendre. Elle a été mise à l'hôpital il y a quelques jours.

On avait donné : *le Discret*, de Lemercier, différent de celui de Sedaine; *l'Indienne*, de Des Francs; *l'Importun*, etc. *L'Indienne* fut mal reçue; elle a fait baisser la toile, dit Mlle Sophie Arnould.

1771. 26 octobre. *L'Ami de la maison*. Cette comédie n'a pas eu le succès qu'on se promettait... Quant à la musique, tout en a paru de la meilleure composition. Le sieur Marmontel, auteur des paroles, était présent, l'épaule haute, le sourcil élevé, la bouche béante. Il semblait prêt à dévorer l'acteur qui eût bronché dans son rôle... L'activité de Grétry, auteur de la musique, se distinguait par des attitudes plus vives et plus variées; il battait la mesure, et tout le désordre de sa personne caractérisait l'intérêt qu'il prenait à la chose.

1771. 2 novembre. La représentation du *Faucon* a été huée, malgré le respect dû au lieu. Le sieur Sedaine en est fort humilié.

1771. 9 novembre. *Zémire et Azor* ont paru à la Cour avec beaucoup de succès. Les paroles sont de Marmontel et la musique de Grétry. Une seconde représentation a eu lieu avec beaucoup de satisfaction de la part des spectateurs. La musique de Grétry a fait le succès de cet ouvrage. La fameuse décoration de diamants a été employée à cette occasion ; elle a paru plus superbe par des additions et par un jeu plus brillant donné aux pierreries.

1771. Novembre. *Les Deux Avares*, musique de Grétry, sont joués à la Cour.

1771. 10 novembre. *Le Bourru bienfaisant*, de Goldoni, a été joué devant le Roi. Cette comédie a été bien accueillie, elle a fait rire et pleurer alternativement.

Le lendemain S. M. a fait appeler l'auteur à son lever, l'a accueilli avec bonté et lui a dit être très contente de sa comédie, qu'il continuât à travailler dans ce genre qui est bon.

1772. Septembre. — Les comédiens français viennent de représenter une ancienne pièce de Bailly, intitulée *le Médecin par occasion*. On y a ajouté une fable allégorique de Monvel, auteur et acteur, qui a eu du succès.

1772. 5 novembre. On joue, au théâtre du Palais, *l'Anglomane*, de Saurin. Peu de succès ; la pièce est trouvée ennuyeuse. Elle contenait d'ailleurs une satire trop peu voilée du ministère et des usages de la vieille Cour.

1773. *La Belle Arsène*, de Favart, musique de Monsigny. Jouée sans grand succès.

1773. Octobre. Tous les premiers acteurs de la Comédie française sont retenus à Fontainebleau pour la durée entière du voyage du Roi, ce qui n'était pas arrivé depuis vingt ans. Les doublures seules restent à Paris. On joue, entre autres pièces, *l'Andrienne*, du Père La Rue, *le Lot supposé*, de Dufresny, etc.

1773. 6 novembre. Les différents spectacles donnés à Fontainebleau n'ont eu aucun succès. Ce sont des séries d'opéras comiques d'auteurs cependant connus avantageusement.

1773. 11 novembre. Répétitions devant Mme la Dauphine (Marie-Antoinette) d'un petit spectacle qu'on doit donner à la comtesse d'Artois.

1773. 16 novembre. Les spectacles nouveaux donnés à Fontainebleau sont : 1º *La Rosière de Salency*, musique de Grétry, représentée le 23 octobre précédent; 2º *Zénire et Mélide*, comédie d'Anseaume, musique de Philidor; *la Belle Arsène*, de Favart, musique de Monsigny. Ce sont des spectacles qu'on prétend n'avoir pas eu de succès. Arrêt incertain par la difficulté de connaître le vœu du public dans une salle où l'on ne peut qu'être spectateur muet, sans se livrer à aucuns battements de mains.

1775. 10 novembre. On a nouvelle de Fontainebleau que la tragédie de *Menzikoff* y a été jouée avec toute la pompe dont un théâtre de la Cour est susceptible, et avec une grande affluence de spectateurs illustres, d'étrangers de distinction et surtout de seigneurs russes qu'elle intéressait plus particulièrement. M. de la Harpe n'a pas non plus à se plaindre des acteurs, qui ont joué avec un zèle digne du lieu. Ces accessoires n'ont pas empêché la pièce de paraître mauvaise aux gens les plus difficiles, médiocre aux spectateurs indulgents, et d'un noir épouvantable à tout le monde.

Cette représentation a failli manquer par la faute d'un page qui causa une grande désolation parmi les demoiselles de la Comédie. Ce mauvais plaisant leur a soufflé une vermine fort désagréable qui les tourmentait et est une espèce d'épidémie répandue parmi elles : ce qui amusa pendant plusieurs jours la jeunesse brillante de Fontainebleau.

1776. Octobre. On ne se souvient pas d'avoir vu un voyage de Fontainebleau aussi brillant que l'a été celui-ci; mais ce n'est pas en nouveautés littéraires. Une affluence de monde prodigieuse, des fêtes, des parties de jeu, des courses de chevaux, l'élégance et la variété des toilettes en ont fait presque tous les frais. Quoique très accueillies par notre jeune souveraine, il faut avouer que les lettres ont encore assez peu contribué aux plaisirs de la Cour.

1776. Octobre. Sur dix ou douze pièces nouvelles représentées à la Cour, une seule a réussi et encore y a-t-on trouvé un cinquième acte à refaire : c'est *Mustapha et Zéangir*, de M. de Chamfort. On sait qu'après le succès de *Mustapha*, la Reine voulut bien faire venir M. de Chamfort dans sa loge et lui annoncer que le Roi venait de lui accorder une pension de 1,200 livres sur les Menus. On sait que S. M. lui dit tout ce qui pouvait augmenter le prix de cette grâce. — « Racontez-nous donc, lui dit un seigneur de la Cour, toutes les choses flatteuses que la Reine vous a dites? — Je ne pourrai jamais ni les oublier, ni les répéter », répondit le poète.

1776. 8 octobre. *La Fausse délicatesse*, de Marsollier, comédie en trois actes, mêlée d'ariettes, représentée devant LL. MM. n'a pas eu de succès. C'est une pièce à la Marivaux, aussi alambiquée, mais avec moins d'esprit et de finesse.

1776. 10 octobre. *Zuma*, tragédie de Lefebvre, a été représentée à la Cour, mais sans succès. Heureusement pour l'auteur que le public de Paris n'est pas toujours du même avis que la Cour.

1776. 29 octobre. On a joué la pièce du chevalier de Cubières, intitulée d'abord *la Dramomanie*, et que, par égard pour Mercier, appelé par Fréron « le Dramaturg », on a donnée sous le nom de *la Lecture interrompue*. Elle a eu le sort des autres nouveautés; les brouhahas, les rires par éclats, les applaudissements ironiques, ont fait trouver que la pièce était bien nommée. La Cour n'a pas attendu la fin.

1776. 1er novembre. M. de Chamfort n'a point trompé la Cour dans son attente du succès de *Mustapha et Zéangir*. Cette tragédie a été aux nues et le méritait. Le Roi, à son coucher, a paru très satisfait de l'ouvrage. Molé s'est surpassé dans son jeu, mais son rôle était si beau!

1776. 6 novembre. *L'Égoïste*, de Cailhava d'Estrandeux, a été applaudi hier parfois et parfois hué.

1776. Novembre. La reprise de *l'Aveugle de*

Palmyre, qui a beaucoup réussi, grâce à la magnificence du spectacle et à la richesse des décorations, est un opéra de Desfontaines, musique de Rodolphe.

1776. *Mustapha et Zéangir,* succès.

On a encore donné à ce voyage :

16 octobre, *l'Avare fastueux,* comédie de Goldoni. — Le 21, *le Malheureux imaginaire,* comédie de Dorat. — Le 7 novembre, *le Veuvage interrompu,* comédie de M. de la Place. — Le 8, *l'Inconnu persécuté,* comédie de Moine, musique d'Anfossi. — Le 14, *Gabrielle de Vergy,* tragédie de De Belloy. — Le 21, *la Rupture,* comédie de Mme de l'Orme. — Le 22, *les Trois Fermiers,* comédie de Monvel, etc.

1776. Le voyage a duré jusqu'au 23 novembre.

1777. *Matroco,* drame burlesque en quatre actes, en vers, paroles de Laujon, musique de Grétry, repris aux Italiens le 23 février 1778. C'était une parodie des mœurs de la chevalerie. L'auteur de *Richard Cœur de Lion* eut honte de s'être prêté à cette bouffonnerie, surtout après le mauvais accueil qu'elle reçut du public, et brûla sa partition. Il avait réussi, dans cet ouvrage, plusieurs airs populaires, tels que *Charmante Gabrielle,* etc.

1777. 9 octobre. Le goût des courtisans de Fontainebleau paraît extrêmement difficile cette année pour les pièces de théâtre. Ils n'ont pas fait plus de grâce à une pièce des Italiens, jouée avec succès depuis dix-huit ans : c'est *la Soirée des boulevards,* de Favart. Cet auteur a voulu la rajeunir en y adaptant beaucoup de choses relatives aux circonstances, et de fadeurs pour la Reine.

1777. 10 octobre. *Le Duel comique*, opéra bouffe.

1777. 17 octobre. Mlle Raucourt s'est engagée dans la troupe de comédiens qui suivent la Cour et vient jouer à Fontainebleau, sur le théâtre de la ville, durant le voyage. On lui donne 10,000 livres.

1777. 17 octobre. On a joué à la Cour *Olympiade*, drame en trois actes et en vers, de M. Framery, musique de Sacchini.

1777. 20 octobre. On donne l'opéra de *Psyché*, musique de Mondonville, ballets de Laval.

Sophie Arnould faisait Psyché, la Saint-Geslin, Terpsychore, la Levasseur, l'Amour, la Chataurie, Vénus.

Les chœurs étaient chantés par les premiers choristes, hommes et femmes, de l'Opéra, et dans les divertissements on voyait la Guimard, Gardel, Vestris, Mlles Lafond, Favre, Hidoux, Rogier, Duchesne, etc., qui représentaient les démons, les furies, les jeux, les plaisirs.

Tous ces artistes concoururent aussi, le 26 octobre suivant, à la représentation de la *Fête de Flore*, paroles de Saint-Maur.

1777. 23 octobre. *Mustapha*, de Chamfort, et *la Chercheuse d'esprit*, ballet de Gardel.

1777. 24 octobre. *Pomponin*, opéra comique de Ginguenet, musique de Piccini.

1777. 27 octobre. *Ninette à la Cour*, ballet de Gardel.

1777. 30 octobre. On écrit de Fontainebleau

que Mlle Raucourt a eu le plus grand succès à la comédie de la ville, que la Reine de France a voulu la voir et a honoré le spectacle de sa présence.

1777. 3 novembre. *Matroco*, drame burlesque en quatre actes, de Laujon. Il y a dans la musique des choses charmantes, entre autres un duo sur la gazette, très neuf et très original.

1777. 6 novembre. *Le Langage des Fleurs*, comédie-ballet, par Saint-Marc.

1777. 10 novembre. *Félix ou l'Enfant trouvé*, opéra comique en deux actes, de Sedaine, musique de Monsigny. Succès médiocre.

1777. 14 novembre. Deuxième représentation de *Félix* et de *Myrtil et Lecoris*, opéra en un acte de Bocquet, musique de Desormery.

La série des représentations de ce voyage se termine par l'opéra d'*Orphée*, qui eut un succès extraordinaire et qui fut néanmoins critiqué avec une égale fureur. On était alors en plein dans la querelle des Gluckistes et des Piccinistes. *Orphée* n'en est pas moins un chef-d'œuvre.

On y joua encore *Iphigénie*, *Alceste* et deux autres comédies, après quoi la Cour partit, afin d'assister à la fête que donnait à LL. MM. le comte d'Artois dans son château de Bagatelle, bâti comme par enchantement.

1778. Le théâtre du Palais est peu actif. On y joue *la Parodie de Roland*, puis une tragédie-opéra, tirée de l'*Iphigénie* de Racine. La musique était de Gluck; Laval, maître des ballets de S. M., avait réglé les divertissements.

Les *Évènements imprévus*, comédie en trois

actes, mêlée d'ariettes, paroles de Dhell, musique de Grétry. Ce fut la dernière production du littérateur mort jeune. La partition, qui n'est pas des meilleures, renferme cependant un air que l'on chante encore quelquefois : « Dans le siècle où nous sommes, etc. »

1780. *La Veuve du Malabar*, qui n'avait pas été représentée depuis 1770, est reprise au Palais de Fontainebleau. Cette tragédie a valu à Lemierre, l'auteur, de violentes critiques à cause de la rudesse de ses vers. Il avait une très jolie femme sur laquelle un plaisant fit ce distique comme imitation des vers de son mari :

Bras, front, sein, port, teint, taille, œil, pieds, nez, dents, mains,
[touche,
Tout en elle est attrait, tout est tentant, tout touche.

1783. Louis XVI ne voulait pas faire le voyage de Fontainebleau, qu'on estime un sujet de dépenses extraordinaires de huit millions. On ne détermine le monarque à le faire qu'en disant que ce changement produirait un mauvais effet.

1783. 9 octobre. Arrivée de la Cour à Fontainebleau. On a dit il y a longtemps, à propos des pièces représentées ici : « Fontainebleau est le *Châtelet* et le parterre de Paris est le *Parlement* qui casse souvent ses sentences. »

1783. 11 octobre. *Les Deux Tuteurs*, comédie en deux actes, en prose, mêlée d'ariettes, par de la Chabeaussière, musique de M. le chevalier d'Aleyrac. Cette comédie a été reprise à Paris sur le théâtre italien, l'année suivante, le 8 mai. La pièce n'a guère réussi à Fontainebleau.

1783. 12 octobre. *Les Deux Soupers*, opéra

comique de Fallet, musique de d'Aleyrac. Succès douteux. On a dit qu'il n'y avait pas un plat passable dans les deux soupers.

1783. 16 octobre. Représentation de la *Didon*, tragédie lyrique en trois actes, paroles de Marmontel, musique de Piccini, au théâtre de la Cour, à Fontainebleau, par la Saint-Huberti, devant toute la Cour assemblée. L'œuvre est jugée remarquable, mais l'interprète s'y hausse à un tel sublime que Marie-Antoinette daigne l'aller complimenter elle-même dans les coulisses et que Louis XVI, si réfractaire à la musique, donne le signal des applaudissements.

A citer dans les ballets : Gardel et la Guimard.

Didon fut reprise à l'Opéra, le 1er décembre 1783.

Sur la pièce, imprimée dans le format in-4º, chez de Lormel, imprimeur de l'Académie royale de musique, on constate que la désignation du côté droit et du côté gauche de la scène est indiquée par les mots : *côté du Roi, côté de la Reine*. Les expressions côté *cour* et côté *jardin* datent seulement de la Révolution. Ces expressions nouvelles, faut-il le rappeler, ont été données par les machinistes, parce que dans le théâtre du château des Tuileries, le côté droit ou du Roi donnait sur la cour et le côté gauche ou de la Reine sur le jardin.

1783. 17 octobre. Première représentation du *Droit du Seigneur*, opéra de Desfontaines, musique de Martini. La musique a été, en général, trouvée agréable.

1783. 30 octobre. Première représentation de la *Caravane du Caire*, paroles de Morel, musique de Grétry. On a trouvé dans la musique beaucoup de fraîcheur, de grâce et de sensibilité. La pompe et la magnificence du spectacle n'ont rien laissé à désirer. Il était digne du théâtre sur lequel on l'a représenté.

1783. 4 novembre. *Le Séducteur*, comédie en cinq actes et en vers, du marquis de Bièvre, est représenté avec succès au théâtre de la Cour.

1783. 14 novembre. Première représentation du *Dormeur éveillé*, opéra comique de Marmontel, musique de Piccini. La musique, en général, a eu le plus grand succès.

1783. 16 novembre. Première représentation de *Chimène*, opéra de Guillard, musique de Sacchini. La musique a généralement réussi. Cet opéra a été donné à nouveau le 20 novembre, pour la clôture des spectacles de la Cour, qui est rentrée à Paris le 24 novembre, Mlle Saint-Huberti y est fort applaudie.

Les trois grands théâtres ont rendu ce voyage très agréable par le grand nombre de nouveautés qu'on y a jouées; mais l'Opéra l'a emporté beaucoup sur les deux autres. Les auteurs et les acteurs ont reçu des marques de la munificence du Roi. Piccini et Sacchini ont eu l'honneur de lui être présentés, le dernier par la Reine elle-même. Piccini venait d'avoir une pension de 600 livres; il a obtenu une gratification de la même somme. Sacchini a eu une pension égale. La Saint-Huberti, outre une pension de 1,500 livres, en a eu une de 600 livres que le Roi a daigné ajouter de sa main sur l'état qui lui a été présenté, selon l'usage, par le Gentilhomme de la Chambre. Mlle Maillard, à peine âgée de dix-huit ans, une de 1,000 livres. Le sieur Rey, maître de musique, une semblable; tous les autres sujets ont reçu des gratifications proportionnées à leurs différents talents.

1783. C'est une faveur d'être joué deux fois au théâtre de la Cour à Fontainebleau. *Didon* l'a été trois fois, et le Roi qui de sa vie n'avait pu entendre un opéra d'un bout à l'autre, ne s'est point lassé d'entendre celui-ci. « Il me fait, disait-il, l'effet d'une belle tragédie... » *Le Dormeur éveillé* fut mal exécuté dans les morceaux d'ensemble, mais très bien de la part des acteurs principaux, Clairval et Mme Dugazon. Le Roi l'avait redemandé pour la clôture des spectacles de la Cour. Clairval tomba malade et les spectacles finirent deux jours plus tôt.

1783. Les représentations théâtrales furent nombreuses en cette année à Fontainebleau.

Nous n'hésitons pas, malgré quelques répétitions forcées, à ajouter à ce qui précède, une nomenclature plus complète des pièces jouées. Elle nous est fournie par le *Recueil des spectacles donnés devant Leurs Majestés à Fontainebleau, en l'année 1783.* In-4º, imp. Ballard. (Bibl. du Palais, F 987.)

Elles s'ouvrirent le 12 octobre par *Sylvain*[1], opéra de Marmontel et de Grétry, suivi de *Ma-*

---

1. *Sylvain*, comédie en un acte et en vers, représentée pour la première fois aux Italiens le 19 février 1770. L'ouverture n'est pas inférieure à celle de *l'Épreuve villageoise*. Cet opéra a eu un grand succès.

thieu ou les Deux Soupers, comédie mêlée d'ariettes de Fallet, musique de d'Alayrac.

Le 14, on joue *Alzire* et *Amphitryon*, de Voltaire et de Molière. Deux jours après, *Didon*, opéra de Marmontel et de Piccini; le lendemain 17, *l'Heureuse Erreur*, de Patrat, et *le Droit du Seigneur* en firent les frais[1].

La Feinte par amour, de Dorat, et *l'Amant bourru*, de Monvel, furent choisis pour le 21 et une seconde représentation de *Didon* pour le 23. Le 24, on revint au pays du Tendre par *Lucette et Colas*, comédie mêlée d'ariettes, de M. Forgeot, musique de Mlle Dezèdes, et par *l'Amant sylphe*, comédie mêlée de chant, de M. le comte de Lignières et Martini[2].

1. *Alzire*, représentée pour la première fois le 27 janvier 1736. Quoique inférieure à *Mérope*, *Alzire* n'en compte pas moins parmi les chef-d'œuvres de Voltaire. — *Amphitryon*, comédie de Molière en trois actes et en vers libres, représentée pour la première fois le 2 janvier 1668, imitation de la pièce de Plaute. La première comédie que Molière ait écrite en vers libres; c'est une allusion transparente aux amours de Louis XIV avec Mme de Montespan. — *Le Droit du Seigneur*, comédie en trois actes et en prose, mêlée d'ariettes, paroles de Desfontaines, musique de Martini. Première représentation aux Italiens, le 29 décembre 1783. Le compositeur écrivit sur un livret absurde une musique gracieuse qui valut à l'ouvrage un succès de vogue. Pendant soixante ans, *le Droit du Seigneur* charma le public de Paris et des provinces.

2. *La Feinte par Amour*, comédie en trois actes et en vers, représentée en 1773, avec succès, et fut maintenue au répertoire, malgré son style prétentieux et recherché qui en rend la lecture difficile. — *Lucette et Colas*, un acte, représenté aux Italiens le 8 novembre 1781. L'auteur de la musique, Mlle Dezèdes, était fille du compositeur de ce nom. Cette jeune musicienne était alors âgée de quinze ans; on ne connaît d'elle que ce petit ouvrage.

Le 28, une tragédie de Corneille, *Héraclius,* raviva les esprits, et M. Vigée les calma par ses *Aveux difficiles,* dont on ne parla plus. Grétry et Morel les séduisirent de nouveau par *la Caravane,* donnée le jeudi 30, et Piis et Barré les divertirent le 31 par leurs *Quatre-Coins; Blaise et Babet,* les intéressèrent le même jour par leurs amours comme on n'en voit plus[1].

Le 4 novembre suivant : première représentation du *Séducteur*[2], cinq actes de M. de Bièvre, suivi de *l'Impatient,* en vers, de Lantier.

Ont été successivement donnés dans ce voyage : une seconde représentation de *la Caravane du Caire; l'Amant jaloux,* de Grétry; *les Sabots,* de Sedaine, musique de Duni; *Ro-*

---

1. *Les Aveux difficiles,* comédie en un acte et en vers, représentée au Théâtre français le 21 février 1783. Cette pièce donna lieu à un procès qui fut égayé par de jolis vers adressés à Destouches. — *La Caravane du Caire,* opéra en trois actes, paroles de Morel de Chédeville, musique de Grétry, représenté à Paris le 13 janvier 1784. Peu de pièces ont eu un plus grand nombre de représentations que *la Caravane,* qui est restée longtemps la ressource des administrateurs de l'Opéra. L'ouverture a fait les délices de nos pères, et tous les amateurs de belle musique connaissent l'air : « La victoire est à nous ». — *Blaise et Babet,* opéra comique en deux actes, paroles de Monvel, musique de Dezèdes, représenté le 13 juin 1783, à la comédie italienne de Paris. Est considéré comme le chef-d'œuvre de Dezèdes. De tous ses ouvrages c'est celui qui obtint le plus grand succès. Mme Dugazon, fort belle femme, et Michu, très bel homme, jouaient Blaise et Babet.

2. *Le Séducteur,* comédie en vers, dans laquelle l'auteur de tant de calembours a réussi, sans cesser d'être spirituel, à s'élever jusqu'au genre sérieux. Elle a été représentée au Théâtre français le 8 novembre 1783, quatre jours après avoir été donnée sur le théâtre de la Cour, à Fontainebleau.

dogune, de Corneille; *le Dédit,* de Dufresny; *Didon* (pour la troisième fois); *le Dormeur éveillé,* de Marmontel et Piccini, et *Chimène,* qui eut les honneurs d'une reprise[1].

M. le duc de Duras, premier gentilhomme de la chambre, ordonnait le spectacle; M. Papillon de La Ferté, commissaire général de la maison du Roi, le conduisait. Parmi les acteurs, on peut citer la dame Dugazon, Laïs, la dame Saint-Huberti, Gavaudan, etc.

1785. Octobre. Les spectacles de la Cour commenceront à Fontainebleau le mardi 11 octobre et ne finiront que le vendredi 18 novembre.

1785. 25 octobre. Les nouveautés jouées à Fontainebleau n'y ont point eu de succès. La Cour est devenue très difficile, et même *Richard Cœur de Lion* a été mal reçu quant aux innovations de Sedaine et aux deux premiers actes qui produisirent tant d'effet à Paris.

Thémistocle, opéra de Morel, musique de Philidor, joué le 13 octobre; *Pénélope,* de Mar-

---

[1] *L'Amant jaloux,* paroles de Dhell, représenté à Versailles pour la première fois, en novembre 1778; un des meilleurs de Grétry. — *Les Sabots,* un acte, mêlé d'ariettes, représenté aux Italiens le 26 octobre 1768. Jolie bagatelle, bien traitée; a eu les honneurs d'une reprise à l'Opéra-Comique en 1866. — *Le Dormeur éveillé,* opéra comique en cinq actes, représenté à la Comédie italienne en 1781. Pièce remplie de gaîté, de détails agréables, et qui obtint un grand succès. — *Chimène ou le Cid,* opéra comique en trois actes, paroles de Guillard, musique de Sacchini, représenté à Paris en 1784. L'auteur du livret n'avait pas grands frais d'imagination à faire pour tailler un opéra dans le chef-d'œuvre de Corneille. Le musicien avait une tâche plus difficile et il s'en est acquitté avec un mérite apprécié de ses contemporains.

montel, musique de Piccini, le 10 novembre ; *Dardanus*, de Sacchini, le 20 octobre.

La Comédie française donnera, le 11 octobre, *le Portrait,* de Desfaucherets ; le 21, *le Page supposé,* de Chénier ; le 29, *Virginie,* tragédie de ***, et *le Mariage secret,* de Desfaucherets ; le 17 novembre, *Athalie,* avec les chœurs de Gossec, et le 18 novembre, *l'Oncle et les deux Tantes,* de La Salle.

La Comédie italienne, le 18 octobre, *l'Amitié au village,* de Desforges, musique de Philidor ; le 8 novembre, *la Dot,* de Desfontaines, musique de d'Alayrac ; le 15, *Coradin,* de Menoghet, musique de Bruny.

1785. Octobre. *L'Amitié au village* est peut-être la première pièce donnée au théâtre de la Cour que l'on se soit permis de huer si distinctement, malgré la présence du Roi et de la Reine. Les paroles sont de Desforges (fils naturel du docteur Petit) et la musique de Philidor.

1786. 26 octobre. On a joué aujourd'hui, sur le théâtre de la Cour, l'opéra de *Phèdre,* paroles d'Hoffman, musique de Lemoine. Cette nouveauté lyrique a si mal réussi auprès de la Reine, qu'elle a déclaré qu'elle n'en voulait plus de cette espèce, qu'il était inutile de faire beaucoup de dépense pour des opéras qui n'en valaient pas la peine. *L'Amitié à l'épreuve,* jouée par les Italiens, n'a pas mieux réussi, quoique de deux grands maîtres réunis, MM. Favart et Grétry. La Reine a déclaré que sans Mlle Renaud, elle n'aurait pu soutenir toute la représentation. Il n'en faut pas dire autant du *Déserteur,* mis en pantomime, qui a plu singulièrement et jouit du plus brillant succès.

1786. 2 novembre. On devait donner *les Horaces*, musique de Salieri. La répétition que l'on en fit la veille devant la Reine confirma la tristesse et l'insignifiance de cette production. On pria un des principaux acteurs de feindre une indisposition pour se dispenser de donner un ouvrage dont la chute était prononcée d'avance. On l'a remplacé par *Iphigénie en Tauride*, dont il fallut faire venir les décorations en poste pendant la nuit, avec le ballet des *Sauvages*.

1786. 6 novembre. *Azémire*, tragédie de M. Chénier, connu seulement par le *Page supposé*, comédie donnée il y a un an à Fontainebleau (21 octobre 1785) et à Paris. Cette tragédie est tombée de la manière la plus scandaleuse à la Cour, malgré tout l'intérêt de la duchesse d'Orléans, qui en avait sollicité et obtenu la représentation. Des rires immodérés, des coups de sifflet, ont été des signes non équivoques de l'ennui.

1786. 7 novembre. *Les Méprises par ressemblance*, opéra comique en trois actes, de Patrat, musique de Grétry, ont eu un sort plus heureux. Cette pièce à ariettes est le seul ouvrage qui ait véritablement réussi à Fontainebleau. La musique est une des meilleures du compositeur.

1786. 13 novembre. *Comte Albert*, paroles de Sedaine, musique de Grétry.

Débuts de Mlle Laure, âgée de onze ans, élève de Vestris, et qu'on nommait « l'Amour ». LL. MM. l'ont vue danser deux fois et M. de Villequier l'a présentée au dîner.

Albert, le dernier spectacle donné cette année à Fontainebleau a été assez mal reçu, malgré la musique. Autrefois on écoutait les pièces en silence, par respect pour la présence royale. Mais depuis, la Reine a mis cette étiquette de côté, de sorte que l'on donne publiquement son approbation ou sa désapprobation, et qu'il s'élève parfois des manifestations contraires au sentiment de la Cour.

Après le spectacle, Sedaine se promenait sur le théâtre, disant : « On n'en fera pas moins payer au Roi les décorations, les habillements, les soldats... » Un subalterne qui entend ce propos va sur-le-champ le rapporter à M. de La Ferté, intendant des Menus en exercice. Il arrive furieux et dit tout haut : « Où est Sedaine ? » — Ce poète qui l'entend, lui crie : « La Ferté, M. Sedaine est ici ; que lui voulez-vous ? » De là une conversation très vive entre les deux personnages, où ils se disent réciproquement des vérités dures. Comme elle était publique, les spectateurs n'ont pas manqué de la rapporter aux courtisans, qui ont ri aux dépens de La Ferté. On rapporte que la Reine a dit en riant : « Je ne sais pas si M. de La Ferté a porté en compte les décorations, les habillements, etc., qui, suivant l'auteur, manquaient à sa pièce, mais je suis sûre maintenant qu'il ne le fera pas. » On ajoute que le Roi a pris les choses plus sérieusement en observant que M. Sedaine avait traité M. de La Ferté de « voleur » et que c'était une chose à éclaircir.

Marie-Antoinette approuve, en 1787, un projet de fête à donner à Fontainebleau, qui coûtera cinq à six cent mille livres. Mais elle dit en riant à l'ordonnateur : « Il faut auparavant savoir si M. le contrôleur général en donnera la permission. »

Le malaise était général ; on approchait de 1788, l'argent manquait partout. Le contrôleur général aurait voulu autoriser la dépense, qu'il ne l'aurait pu.

Mélancolique plutôt qu'enjouée, la parole de Marie-Antoinette marqua la fin des plaisirs et des dépenses de luxe au château, où la Cour cessa de venir.

Tout au plus le Roi, qui se restreignit sur tous les points, conserva-t-il encore quelque temps, à la demande des habitants de Fontainebleau, les équipages de sa vénerie, qui elle aussi ne tarda pas à disparaître.

ANNEXES

I

Les trois de La Thorillière.

Nous croyons ne pouvoir mieux terminer ces *Notes* qu'en donnant quelques détails sur une famille d'acteurs qui, pendant trois générations, ont joué sur le théâtre de la Cour à Fontainebleau. Nous voulons parler des Le Noir de La Thorillière.

François Le Noir, sieur de La Thorillière, né vers 1626, fut d'abord militaire avant d'entrer au théâtre. En 1658 il épousa la fille du comédien Jean de la Rocque et entra au Marais. En 1662, il s'engagea dans la troupe de Molière, où il resta jusqu'en 1673, puis passa à l'hôtel de Bourgogne et mourut en 1688.

Son fils, Pierre Le Noir, sieur de La Thorillière, né à Paris le 3 septembre 1659, parut dès 1671 au Palais-Royal dans la troupe de Molière et joua le rôle d'un des amours de *Psyché*, puis courut la province jusqu'en 1684, époque où il fut reçu à la

Comédie française. Il joua d'abord les seconds rôles de tragédie et les amoureux dans la comédie, mais sans grand succès. En 1693, il prit les rôles à manteau, ceux de valet et d'ivrogne. Il mourut le 18 septembre 1731, laissant un fils, Anne-Maurice, et trois filles.

C'est lui qui obtint, avec Armand Huguet, en 1726, la concession, par brevet du Roi, du théâtre de la ville, sur l'emplacement des Petits Jardins. Il se maria à Fontainebleau. C'est de lui que nous allons nous occuper plus spécialement.

Le troisième de La Thorillière (Anne-Maurice), né en 1697 ou 1699, fut reçu sans débuts à la Comédie française, le 29 juin 1722. Il se retira en 1759 avec la pension de 1,500 livres et mourut le 23 octobre 1759.

Dans ses *Comédiens du Roi de la troupe française*, M. Campardon, auquel nous empruntons les détails biographiques ci-dessus, a publié le contrat de mariage de Pierre Le Noir de La Thorillière, dressé à Fontainebleau par Claude Royer, et conservé aux Archives nationales (Y 248).

En voici un extrait :

Par devant nous, Claude Royer, conseiller du Roi, notaire garde notes au Châtelet de Paris... furent présents sieur Pierre Le Noir, sieur de la Thorillière, l'un des comédiens de Sa Majesté, en la troupe française, fils de defunt François Le Noir, sieur de la Thorillière, aussi comédien de Sa Majesté, et damoiselle Petitjean, sa veuve, ses père et mère, demeurant à Paris, rue de Seine, étant de présent à la suite de la Cour à Fontainebleau, logé rue de l'Eglise, pour lui et en son nom d'une part; et sieur Dominique Biancolelli[1], l'un des comédiens de Sa Majesté, de la troupe italienne, et damoiselle Ursule Cortesi[2], sa femme, qu'il autorise par l'effet des présentes, demeurant à Paris, rue Comtesse d'Artois, paroisse Saint Eustache, au nom et comme stipulant pour damoiselle Catherine Biancolelli[3], leur fille, aussi l'une des comédiennes de Sa Majesté, en ladite troupe italienne, pour ce présente et de son consentement, étant de présent aussi audit Fontainebleau, logés susdite rue et paroisse, d'autre part.

Lesquelles parties de l'avis et conseil de leurs parents et amis ci-après nommés, savoir : de la part dudit sieur Le Noir de la Thorillière, futur époux : de ladite damoiselle Petit Jean, sa mère; du sr Michel Baron[4], officier du Roi, beau-frère à cause de damoiselle Charlotte Le Noir, sa femme; maître Florent Carton-Dancourt, avocat au Parlement et comédien de Sa Majesté en

---

1. Le célèbre arlequin de la comédie italienne, né vers 1610, mort en 1688.

2. Comédienne de la troupe italienne, mariée en 1663 à Dominique Biancolelli.

3. Née en 1665, débuta en 1683 à la comédie italienne où elle tint avec grand succès l'emploi des Colombines. Elle mourut en 1716.

4. Boyron, dit Baron, aussi comédien du Roi, né en 1653, mort en 1729.

la troupe française, beau-frère; Marie Thérèse Le Noir[1], sa femme, sœur et sieur Michel de Clinchamp, concierge du palais des Tuileries, ami; et de la part de ladite damoiselle Catherine Biancolelli, future épouse : de damoiselle Barbe Minuti, son aïeule maternelle, veuve de Bernardin Coris, comédien du Roi; sieur Louis Biancolelli[2], frère de ladite damoiselle future épouse, et damoiselle Marie Françoise Biancolelli[3], fille, sœur de ladite damoiselle future épouse, étant tous de présent audit Fontainebleau, ont reconnu et confessé avoir fait et accordé entre elles les traité de mariage, dons, douaire, promesses et conventions qui en suivent.

(Nous passons sous silence les longues conventions, minutieusement formulées, et dirons seulement que la future apportait 20,000 livres et le futur 10,000 livres).

Fait et passé à Fontainebleau, à l'égard des parties intéressées, en la maison où lesdits sieur et dame Biancolelli sont avec leurs filles logés devant déclarée, l'an 1685, le deuxième jour de novembre, en présence de messire Charles de Simian, chevalier, seigneur de Larnas, ci-devant capitaine dans le régiment de Bourbonnais, et du sieur Dominique Amonio, conseiller et médecin ordinaire du Roi, demeurant ordinairement à Paris... étant de présent à Fontainebleau.

1. Également artiste de la Comédie française.
2. Ne fut pas comédien. Il prit du service et devint capitaine au régiment royal des vaisseaux.
3. Comédienne italienne. Remplissait l'emploi des amoureuses.

La lecture de ce document nous donna la pensée de rechercher dans les registres paroissiaux de Fontainebleau l'acte du mariage. Nous l'avons trouvé assez facilement, bien que le nom de La Thorillière, sous lequel il était plus connu, et sa profession de comédien du Roi n'y soient pas mentionnés. Les deux époux sont seulement qualifiés : suivant la Cour.

Ce mariage a été célébré le 16 novembre 1685, trois jours après le contrat.

Novembre 1685.

Mariage. — Pierre Le Noir, fils de François le Noir et de Marie Petitjean, d'une part; Et Catherine Biancolelli, fille de Dominique Biancolelli et d'Ursule Cortezy d'autre part tous deux suivant la Cour, après la publication que nous avons canoniquement faite de leurs bans de mariage par deux diverses fois, et ayants obtenue de Monseigneur l'archevesque de Sens la dispense du troisiesme bans, sans qu'il nous ait parru aucun empeschement, comme aussy après avoir esté fiancéz ce jourd'huy par dispense pareillement obtenue de Mondict Seigneur Archevesque ont esté epouséz cedict jour cinquiesme novembre mil six cents quatre vingt cinq en presence de de moy supérieur des p^{tres} de la cong^{on} de la Mission et curé de ce lieu qui leur ay donné la benediction nuptiale et de leurs parens et amis cy après nommez sçavoir de la part du dict le Noir, de Marie Petitjean, sa mère, de Marie Thérèse Le Noir, sa sœur, de Michel Boiron, son beau frère, de Messire Gilles Lemaistre, chevalier, marquis de Ferrières et autres lieux de Messire de Symian, baron de Launas cy devant capitaine dans le régiment de Bourbonnais, de M. Dominique Amonio conseiller et médecin du Roy ses amis et de la part de ladite Biancolelly épouse, de Dominique Biancolelly, officier du Roy, son père, de M. Augustin Lolly aussi officier du Roy son ami soubz signéz

P. Lenoir, Catherine Biancolelli

Marie Pethean, Dominique Biancolelli, Michel Boyron, Orsola Cortesi, Thérèse Lenoir, Lemaistre, Symiane de Launas, Laudin.

II

Lettre de M. Ch. Constant.

« Cher monsieur et ami,

A propos de votre étude sur le Palais de Fontainebleau et spécialement de la salle dite de la Grande Cheminée, vous voulez bien citer un passage de ma notice de 1873 sur « Molière à Fontainebleau » et vous relevez ce passage « Que sont devenues ces tapisseries ? etc. »

Il y a longtemps que j'en ai retrouvé en partie la trace, sans le dire, ayant considéré le fait comme sans importance ; mais puisque la question, grâce à vos recherches, se pose de nouveau, voici ce que je sais sur ce point :

En passant à Pau quelques jours en 1874, je fus tout étonné, dans ma visite au château célèbre de cette ville, de voir, dans la salle dite de Henri IV, quatre des fameuses tapisseries : le mois de janvier, juin, juillet et novembre. La *Notice historique sur le château de Pau*, du régisseur, M. Chastang (1874), les signale et les décrit à la page 39. La description n'est pas très complète, ni très exacte ; mais, en la rapprochant de celle donnée par Vatout dans son

Palais de Fontainebleau, p. 593, et de celle que je donne moi-même (p. 11 de ma plaquette), sur le vu des dessins photographiés que j'ai eus entre les mains, il n'y a pas de doute : ce sont bien les mêmes tapisseries.

En voilà donc quatre sur douze que l'on peut admirer encore dans le château de Pau, à moins que la fureur de nos gouvernants qui les pousse à tout déranger et à ne rien remettre à sa place, ne leur ai fait prendre, depuis 1871, une autre direction.

Quant aux huit autres, je ne les ai jamais vues et j'ignore où elles peuvent être.

Pour aider les curieux à les retrouver, voici une remarque à noter : Dans les six tapisseries que Vatout décrit, comme les ayant vues dans le palais de Fontainebleau en 1852, se trouve le mois de juillet : « Arabesques, dit Vatout ; une *nymphe* se repose sur un *lion.* »

Or, le mois de juillet se retrouve au château de Pau en 1874 et figure, dans la description qu'en fait M. Chastang, sous cette dénomination : « *Jupiter ; la moisson.* »

Au premier abord, cela ne se ressemble guère ; mais prenez dans ma brochure, la description du mois de juillet, vous y lirez : « Jupiter, armé de la foudre, soutient le signe du lion et retient un aigle entre ses jambes ; puis, des singes, des perroquets, une femme qui porte une quenouille ; un guerrier qui sonne de la trompette ; *deux paysans, les râteaux à la main et enfin, à gauche, un sujet représentant la fenaison.* »

Vous voyez que c'est tout à fait la même chose, avec cette différence que ma description est seule complète et que celles de MM. Vatout et

Chastang ne décrit qu'un côté (celui sans doute qui les a le plus frappé) de cette belle composition que j'ai vue et admirée en 1874, dans la chambre de Henri IV au château de Pau.

Si ces détails vous intéressent, publiez-les; peut-être cette publication aidera-t-elle les curieux à retrouver les tapisseries de ces douze mois, qui ne sont pas, comme l'écrivent Vatout et Chastang, à proprement parler des tapisseries de Flandre ou de Bruxelles, mais bien, comme le porte l'inscription qu'on peut lire sur les dessins :

« *Cecy est du temps de François Ier et des peintres de Fontaine-Bleau.* »

Bien cordialement à vous.

CHARLES CONSTANT.

18 octobre 1890.

TABLE

DES PIÈCES REPRÉSENTÉES

Adélaïde Duguesclin, 39, 41.
Alceste, 35, 53.
Alzire, 28, 58.
Amphitryon, 20, 58.
Anacréon, 34.
Andromaque, 29.
Aphos, 28.
Arlequin et Scapin rivaux, 44.
Athalie, 61.
Azémire, 62.
Atys, 33.
Au Concert de la Reine, 29.

Blaise et Babet, 59.
Blanche et Guiscard, 38.

Castor et Pollux, 36, 38.
Chimène, 56.
Cinna, 39.
Coradin, 61.
Crispin médecin, 32.

Daphnis et Alcimandure, 35, 36.
Dardanus, 37, 38, 61.
Diane et Endymion, 40.
Didon, 55, 57, 58, 60.

Églé ou le Sentiment, 40, 41, 42.

Endymion, 29.
Érosine, 38, 41, 42, 44.

Fatmé, 41.
Félix ou l'Enfant trouvé, 53.

Gabrielle de Vergy, 51.

Héraclius, 59.

Idoménée, 37.
Inès de Castro, 30.
Iphigénie en Tauride, 53, 62.
Iphigénie (opéra), 53.
Isabelle et Gertrude, 48.
Isaure, 35.

L'Amant auteur et valet, 28.
L'Amant bourru, 58.
L'Amant jaloux, 59.
L'Amant sylphe, 58.
L'Ami de la maison, 46.
L'Amitié à l'épreuve, 45, 61.
L'Amitié au village, 61.
L'Amour et Psyché, 36.
L'Andrienne, 48.
L'Anglomane, 47.
L'Arcadie enchantée, 30.
L'Avare fastueux, 51.
L'Aveugle de Palmyre, 50.

L'Égoïste, 50.
L'Épreuve, 28.
L'Étourdi, 29.
L'Europe galante, 58.
L'Homme à bonnes fortunes, 27.
L'Honnête homme, 44.
L'Impatient, 59.
L'Importun, 46.
L'Inconnu persécuté, 51.
L'Indienne, 46.
L'Oncle et les deux Tantes, 61.
L'Orpheline léguée, 41.
La Belle Arsène, 47, 48.
La Caravane du Caire, 55, 59.
La Chercheuse d'Esprit, 52.
La Comédie sans Comédie, 32.
La Dot, 61.
La Fausse Délicatesse, 50.
La Fausse Suivante, 28.
La Fée Urgèle, 40.
La Feinte par amour, 58.
La Fête de Flore, 45, 52.
La Joute d'Arlequin et de Scapin, 28.
La Lecture interrompue, 50.
La Mère coquette, 28.
La Naissance d'Osiris, 34.
La Parodie de Roland, 53.
La Pupille, 29.
La Rosière de Salency, 44, 45, 48.
La Rupture, 51.
La Sœur généreuse, 28.
La Soirée des boulevards, 51.
La Veuve du Malabar, 54.
Le Berceau, 29.
Le Bourru bienfaisant, 47.
Le Bûcheron, 44.
Le Cercle, 42.
Le Complaisant, 46.
Le Comte Albert, 62.
Le Cri de la Nature, 44.
Le Curieux impertinent, 33.
Le Cuvier, 43.

Le Dédit, 29, 43, 60.
Le Déserteur, 43, 61.
Le Devin de Village, 30, 31, 42.
Le Discret, 46.
Le Dormeur éveillé, 38, 56, 57, 60.
Le Droit du Seigneur, 55, 58.
Le Duc de Foix, 31.
Le Duel comique, 52.
Le Fat puni, 30.
Le Faucon, 46.
Le Florentin, 27.
Le Français à Londres, 27.
Le Joueur, 33.
Le Langage des Fleurs, 53.
Le Lot supposé, 48.
Le Magnifique, 43.
Le Malheureux imaginaire, 51.
Le Mariage fait et rompu, 35.
Le Mariage secret, 61.
Le Méchant, 29.
Le Médecin malgré lui, 20.
Le Médecin par occasion, 47.
Le Mercure galant, 32.
Le Misanthrope, 28.
Le Muet, 31.
Le Page supposé, 61, 62.
Le Philosophe marié, 29.
Le Portrait, 61.
Le Procureur arbitre, 28.
Le Rendez-vous, 28.
Le Séducteur, 56, 59.
Le Tonnelier, 43.
Le Triomphe de Flore, 40, 41.
Le Voyage interrompu, 54.
Les Aveux difficiles, 59.
Les Carrosses d'Orléans, 45.
Les Dehors trompeurs, 35.
Les Deux Avares, 44, 47.
Les Deux Pucelles, 28.
Les Deux Soupers, 54, 58.
Les Deux Tuteurs, 54.
Les Évènements imprévus, 53.

Les Fées, 32.
Les Funérailles d'Arlequin, 28.
Les Horaces, 62.
Les Incas du Pérou, 34.
Les Jeux floraux, 35.
Les Jumeaux, 27.
Les Ménechmes, 31.
Les Méprises par ressemblance, 62.
Les Précieuses ridicules, 43.
Les Quatre Coins, 59.
Les Rivales, 28.
Les Sabots, 59.
Les Sauvages, 62.
Les Tableaux, 29.
Les Talents lyriques, 42.
Les Trois Fermiers, 51.
Les Troyennes, 34.
Lucette et Colas, 58.
Lucile, 43.

Matroco, 51, 53.
Mathieu ou les Deux Soupers, 54, 58.
Menzikoff, 48.
Mustapha et Zéangir, 49, 50, 51, 52.
Myrtil et Lécoris, 53.

Ninette à la Cour, 52.

Olympiade, 52.
Orphée, 53.

Palmyre, 40.
Pénélope, 60.
Phèdre, 61.
Pomponin, 52.
Psyché, 36, 52.
Pygmalion, 31.

Renaud d'Ast, 39.
Rhadamiste, 28.
Richard Cœur de Lion, 60.
Rodogune, 27, 59.
Rose et Colas, 43.

Scanderberg, 37.
Siège de Scyros, 35.
Sylvain, 57.
Sylvie, 39, 40.

Tancrède, 42, 43.
Thémire, 45.
Thémistocle, 60.
Thésée, 34, 38.
Thétis et Pélée, 34, 39, 40.
Titon et l'Aurore, 38.
Tom Jones, 43.

Virginie, 61.

Zélindor, 43.
Zémire et Azor, 46.
Zémis et Almazie, 40.
Zénire et Mélide, 48.
Zénobie, 28.
Zuma, 50.

TABLE

DES NOMS CITÉS

Alexandrine (M⁽ˡˡᵉ⁾), 34.
Anfossi, 51.
Anseaume, 48.
Antier (Mᵐᵉ), 37.
Armand père, 42.
Armand fils, 44.
Arnould (Sophie), 26, 36, 37, 40, 46, 52.
Artois (Comte d'), 31, 45, 53.
Audinot, 43.
Aufrêne, 39.

Bailly, 47.
Badouyn, 15.
Ballard, 57.
Balut de Savot, 34.
Baron, 27.
Barré, 59.
Belloy (de), 51.
Berton, 38, 40, 41.
Bèze (Mˡˡᵉ), 45, 46.
Bièvre (Marquis de), 56, 59.
Blaise, 43.
Bocquet, 53.
Boissy, 35.
Boursault, 32.
Brionne (Comte de), 33.
Brionne (Comtesse de), 46.
Brueys, 34.

Bruny, 61.
Bury, 40.

Cailhava, 50.
Cahuzac, 31.
Camargo (La), 26.
Castellan, 6.
Castil-Blaze, 26, 30.
Cazeneuve, 15.
Cervantès (Michel), 33.
Chamfort, 40, 41, 49, 50, 52.
Champollion, 26.
Chanville, 31.
Charles IX, 12.
Chasté, 37.
Châteaubrun, 34.
Chénier, 61, 62.
Chennevière, 26.
Chevalier (Mˡˡᵉ), 38.
Clairon (Mˡˡᵉ), 26.
Clairval, 57.
Coigny (Duc de), 36.
Colasse, 31, 39, 40.
Colin de Blamont, 29.
Constant (Ch.), 14.
Conti (Prince de), 39.
Conti (Princesse de), 33.
Corneille, 27, 59, 60.
Crébillon, 28.

Cubières (de), 50.

Dalayrac. 54, 55, 58, 60.
Dan (le P.), 12.
Dancourt, 32.
Danemarck (Roi de), 42.
Dauvergne, 40, 41.
Delaunay, 36.
Desfaucherets, 61.
Desfontaines. 51, 55, 58, 61.
Desforges, 61.
Des Francs, 46.
Destouches, 29, 33.
Desormery, 53.
Dezèdes, 41, 59.
Dezèdes (Mlle), 58.
Dhell, 54, 60.
Dorat, 51, 58.
Drouin, 36.
Du Barry (Mme), 44, 45.
Dubois (D^{lle}), 38.
Duchesne (Mlle), 52.
Duchesnois, 26.
Dufresny, 29, 35, 43, 48, 60.
Dugazon (Mlle), 57, 59, 60.
Duni, 37, 40, 45, 59.
Dupuy, 26.
Durand, 26.
Duras (Duc de), 60.

Étremans (Mme), 37.

Fagan, 28, 29.
Fallet, 55, 58.
Fathaire, 45.
Favart, 40, 43, 44, 45, 48, 51, 61.
Favre (Mlle), 52.
Fel (Mlle de), 31, 35.
Fontaine, 24, 26.
Fontenelle, 29, 34, 40.
Forgeot, 58.
Framery, 52.
Francœur, 32, 37.
François Ier, 15.

Fuzelier, 31.

Gardel, 38, 52, 55.
Gavaudan, 60.
Gentil-Bernard, 36.
Ginguenet, 52.
Gluck, 35, 53.
Goldoni, 47, 51.
Gossec, 43, 61.
Gouvenin, 15.
Granet, 30.
Gresset, 29.
Grétry, 13, 15, 46, 47, 48, 51, 54, 56, 59, 60, 61, 62.
Guémenée (Princesse de), 46.
Guilbert (abbé), 23.
Guillard, 56, 60.
Guimard (Mme), 37, 38, 52, 55.
Guise (Duc de), 15.

Henri II, 10.
Henri IV, 12, 13, 20.
Henriet (Israël), 6.
Hidoux (Mlle), 52.
Hoffmans, 61.

Jacquet de Grenoble, 12.
Jamin (Et.), 24.
Janin (Jules), 24.
Jélyotte, 31, 35, 37, 38, 40, 41.

La Barre, 31.
La Borde (de), 38, 39, 40, 41.
La Bruère, 37.
La Chabeaussière, 54.
La Chantaurie (Mlle), 52.
Lafond, 36.
Lafond (Mlle), 52.
La Fontaine, 27, 43.
La Harpe, 28, 48.
Laïs, 60.
La Marre (de), 38.
Lambese (Prince de), 46.
Lamotte (de), 30, 34, 37.

La Motte-Houdard, 43.
Lantier, 79.
Laruette (Mme), 44.
La Place (de), 51.
La Rue (Le P.), 48.
La Salle, 61.
Lasserre, 37.
La Thorillière, 42.
Latour, 35.
Laujon, 40, 44, 51, 53.
Laure (Mlle), 62.
Laval, 33, 34, 35, 37, 38, 52, 53.
Laval (Mme de), 33.
Leczinska (Marie), 18, 20.
Le Kain, 26.
Legros, 40.
Lefebvre, 50.
Lemercier, 46.
Lemierre, 37, 54.
Lemoine, 61.
Lemonnier, 39.
Levasseur (Mlle), 52.
Lévêque, 44.
Liancourt (Marquis de), 46.
Lignères (Comte de), 58.
Lillebonne (Mme de), 33.
L'Orme (Mme de), 51.
Lormel (de), 55.
Loubey (Mme de), 33.
Louis XIII, 17, 18.
Louis XIV, 18, 19, 85.
Louis XV, 12, 18, 20, 23, 24, 29, 38.
Louis XVI, 18, 30, 31, 45, 54, 55.
Louis-Philippe, 21, 22.
Lucas (Hippolyte), 27.
Lulli, 32, 33, 34, 35, 36, 38, 39.

Marat, 21.
Marie-Antoinette, 31, 44, 48, 55.
Marivaux, 29.

Marmontel, 43, 46, 47, 55, 56, 57, 58, 60.
Mars (Mlle), 26.
Marsollier, 50.
Martini, 55, 58.
Mazarin, 15.
Ménaghet, 61.
Michu, 59.
Millin, 20, 23.
Moine, 51.
Moffe, 34.
Molé, 26, 50.
Molière, 28, 29, 30, 34, 58.
Moncrif, 38.
Mondonville, 35, 36, 38, 52.
Monsigny, 43, 44, 48, 53.
Monvel, 47, 51, 58, 59.
Morel de Cherville, 55, 59, 60.

Napoléon Ier, 22.
Napoléon III, 23.
Nourrit, 26.

Orléans (Duc d'), 22.
Orléans (Duchesse d'), 62.
Orloff (Comte), 23.

Paccard, 14, 15.
Papillon de la Ferté, 60, 63.
Patrat, 58, 62.
Pellissier (Mme), 37.
Percier, 24, 26.
Petit (Docteur), 61.
Philidor, 44, 48, 60, 61.
Piccini, 52, 55, 56, 58, 60, 61.
Pils, 59.
Plaute, 31.
Poinsinet, 42.
Poisson, 28.
Pompadour (Marquise de), 20, 21, 34.
Pont de Veyle, 36.
Préville, 31, 32.
Provence (Comte de), 45.

Quétant, 43.
Quinault, 28, 32, 33, 34, 35, 38.

Racine, 29.
Rameau, 33, 34, 36, 37.
Raucourt, 52, 53.
Rebel, 32, 37.
Regnard, 31.
Regnault, 15.
Renaud (Mlle), 61.
Rey, 57.
Richelieu (Maréchal de), 39.
Roche-sur-Yon (Prince de la), 33.
Rodolphe, 51.
Rogier (Mlle), 52.
Romain (Jules), 15.
Rousseau (J.-J.), 30.

Sacchini, 52, 56, 60, 61.
Saint-Geslin (Mlle), 52.
Saint-Huberti (Mlle), 55, 56, 60.
Saint-Marc (Marquis de), 41, 45, 53.
Saint-Maur, 52.

Salieri, 52.
Sallé (Mlle), 37.
Saurin, 41, 47.
Sedaine, 43, 45, 46, 53, 59, 60, 62, 63.

Taglioni, 26.
Talma, 26.
Toulouse (Comte de), 21.
Trial, 39, 40.
Tribou, 37.

Vachon, 39.
Vallier, 40, 41.
Vatout, 14.
Vendôme (Duc de), 17.
Vermandois (Duc de), 33.
Vestrèse (Mlle Violante), 30.
Vestris, 37, 52, 62.
Vestris (Mlle), 38.
Vigée, 59.
Villemain, 29.
Villequier (M. de), 62.
Voisenon, 35, 36.
Voltaire, 28, 30, 31, 39, 40, 42, 58.

TABLE

                                                         Pages.
L'aile de Charles IX   5
La salle de la Belle-Cheminée. 11
La salle de la Comédie. 17

Notes sur les spectacles de 1747 à 1787 27

ANNEXES

I. — Les trois de La Thorillière 65
II. — Lettre de M. Ch. Constant. 71

Table des pièces représentées. 75
Table des noms cités. 79

Fontainebleau. — M. E. Bourges imp. breveté.

www.ingramcontent.com/pod-product-compliance
Lightning Source LLC
LaVergne TN
LVHW050618090426
835512LV00008B/1553